# 变态人格心理学

韩笑◎著

台海出版社

**图书在版编目（CIP）数据**

变态人格心理学 / 韩笑著. -- 北京：台海出版社，
2020.3（2025.9重印）.

ISBN 978-7-5168-2570-9

Ⅰ.①变… Ⅱ.①韩… Ⅲ.①变态心理学 Ⅳ.
①B846

中国版本图书馆CIP数据核字(2020)第038745号

## 变态人格心理学

著　　者：韩　笑

责任编辑：姚红梅　　　　　　　策划编辑：樊新乐

装帧设计：异一设计

出版发行：台海出版社

地　　址：北京市东城区景山东街20号　邮政编码：100009

电　　话：010－64041652（发行，邮购）

传　　真：010－84045799（总编室）

网　　址：www.taimeng.org.cn/thcbs/default.htm

E－mail：thcbs@126.com

经　　销：全国各地新华书店

印　　刷：河北盛世彩捷印刷有限公司

本书如有破损、缺页、装订错误，请与本社联系调换

开　　本：880毫米×1230毫米　　　1/32

字　　数：149千字　　　　　　　印　　张：7.75

版　　次：2020年3月第1版　　　　印　　次：2025年9月第2次印刷

书　　号：ISBN 978-7-5168-2570-9

定　　价：45.00元

# 目 录

## 第三章　性心理变态——难以启齿的癖好

## 第四章　精神障碍和睡眠障碍：梦境还是现实

## 第五章 "瘾"君子——我 high 故我在

## 第六章 人生非常态——我的确很特别

第一章　人格障碍——每个我，都是我

# 1. 表演型人格：其实我是一个演员

公元54年，罗马皇帝克劳狄乌斯突然离世，他的儿子尼禄登上了王位，成为新一任的古罗马皇帝。尼禄是古罗马历史上极为传奇的一位，从登上皇位到下台仅十四年的时间。

在执政初期，尼禄采取了一系列惠民措施，降低赋税、限制诉讼案例辩护报酬的上限、公开政府税收记录防止官员腐败。因此，他在执政初期声望是非常高的。但是时间一长，他的本性就暴露出来了。作为罗马帝国的皇帝，尼禄的梦想竟然是当一名"演员"。

尼禄本身就是一个诗人、剧作者、演唱者，他非常热爱艺术，经常举办各种规模盛大的赛事，还亲自下场参与比赛。虽然很多比赛他并没有亲自参加，但是金奖还是颁发给了他，他一生之中获得了1800多个金奖。

尼禄有着极其强烈的表演欲望，他想要扩建宫殿，但是罗马皇宫的周围住满了平民，根本无法开工建设。于是，尼禄为了满足一己私欲，竟在罗马大竞技场放了一把火。这把大火烧了六天七夜，全城几乎陷入一片火海之中。在大火之后，尼禄还假惺惺地运粮赈灾，满含热泪亲自慰问受灾的民众。在此之后，尼禄在废墟之上建起了古罗马历史上最豪华的"金宫"。

尼禄的残暴统治激起了整个罗马的反抗，高卢、西班牙等行省先后发动叛乱，随后元老院宣判尼禄为"国家公敌"，最终尼禄被迫自尽。

尼禄的一生极具戏剧色彩，他荒诞、短暂而又丰富的一生成为剧作家笔下的故事，活跃在舞台上、银幕上。当现代医学和心理学发展成熟之后，我们才发现尼禄是典型的表演型人格。

生活中经常听到有人形容表演欲强的人是表演型人格，其实表演型人格也被称为癔症型人格、歇斯底里型人格、寻求注意型人格，是一种人格障碍，表演型人格的人并非都如尼禄一般戏剧化。许多表演型人格的患者平常生活中是大家的小太阳，热情好客，给周围的人带去欢声笑语，充满乐观主义精神，当情绪风暴来到时，会变得阴沉抑郁。表演型人格障碍的患者向往权力和潮流，他们的观点也经常因为权力和潮流的影响而改变，让人捉摸不透。

他们将自己的人生当作舞台，像尼禄一般，将戏剧搬进生活中，他周围的人都是他的观众。表演型人格障碍患者对人对事都表现出强烈的焦虑感，总是感情充沛的模样，对情感类的反应容易过度。在与人交往的过程中，因为他们表现得太过热情，往往给人夸张的感受，甚至会让人有过度之感，让人感觉不真诚。

河南卫视有一档大型汉字文化节目《汉字英雄》，有一期请了许多小朋友去参加。其中有一个表现欲很强的小朋友，他不怕生很健谈，导演很开心能找到一个有表演欲、有话题的参赛者，但最后的结果却出乎他的意料。

参赛当天，小朋友上台以后表现得很兴奋，比面试的时候更加活泼。一开始还好，谁知赛程进行到一半之后，他开始失控了。他不顾主持人的提示和劝说，不断地跟台下的观众说话，最后甚至喊着让观众给他鼓掌。节目嘉宾也看不下去了，主持人提醒之后，也说话提醒小朋友，但这位小朋友仿佛没听到一样，依然大声冲着台下说话，最后不得已终止了节目录制。

小朋友表现出的就是典型的表演型人格的特点，他控制不住自己的情绪，急需获得他人的关注，才会一直要观众的掌声，虽然年纪尚小，但他的症状已经十分明显。

我们经常在选秀节目中看到类似的参赛者，他们不受节目组的控制，用夸张的肢体语言和过激的语言刺激着观众的神经，希望引起大家的注意。表演型人格障碍的患者跨越多个年龄段，多发于青少年时期，其中女性患者居多。

表演型人格通常被认为与早期的家庭教育有关，一些人因为孩童时期父母的过分关注和喜爱，造成心理年龄与生理年龄不对等的障碍人格，患者对爱和付出的感受能力出现了问题，对于情感的认知停留在较小的时候，时常展现出暗示性和依赖性。

在女性患者中，有这样一种典型的家庭结构——慈母严父。父亲在家中承担着惩罚者的角色，同时又对女儿有些溺爱，造成女孩在童年期对父亲角色产生迷惑的情感，不知道是该亲近父亲还是该远离父亲，而母亲通常展现出慈爱懦弱的样子。母亲的形象加深了女孩对于父亲的依赖，一方面害怕父亲的惩罚，一方面又渴望得到父亲的认同，既想疏远又想亲近让她们逐渐形成表演的人格特质，久而久之患上表演型人格障碍。

除了展现阳光的一面，表演型人格障碍患者内心是有自卑情绪的，他们害怕受伤，不断地压抑自己的需求，从而不敢表露自己，只能"表演"。

表演型人格障碍是一种棘手的心理疾病，很多患者有自杀倾向，治愈率低下。

表演型人格障碍的治疗首先要进行精神分析，让他们意识到自己的自卑、依赖等情绪是一种不正常的现象，帮助他们认识自己，他们过分寻求他人的关注是一种建立自尊心的过程，并且通过展示个人持续性地寻求关注，许多患者甚至在治疗过程中想将医生变成他的"观众"。

许多医生会用认知行为疗法治疗患者，帮助他们建立正常的人际关系，教会他们如何合理表达自己。生活中我们也可以用此办法帮助亲友进行调节，当他们表达情绪的时候，认真聆听，提出自己的观点，但是不要直截了当地反驳，逐渐让他们明白情绪也是有好有坏的。有些坏情绪不仅会伤害他们自己，也会伤害到亲友，有认识才有行动，让他们在生活中逐渐减少那些不被接受的情绪，逐渐达到适度的情绪表达。

如果有一些病人比较固执，不如采取"激将法"，让喜爱表演的他们扮演一个大家喜欢的角色，一步步规划他们的情绪和行为，引导他们更为正常地表达自我情绪。

表演型人格障碍虽然不容易治愈，大多数患者却会随着时间而症状减轻，这是因为心理变得成熟了，还有一些人的表演型人格障碍是抑郁症的前兆，要十分注意。

## 2. 多重型人格：5个6个7个，都是我

2017年1月20日，詹姆斯·麦卡沃伊主演的电影《分裂》在美国上映，影片中詹姆斯·麦卡沃伊饰演了一位多重人格的患者，他精湛的演技获得大众的肯定，同时也掀起了人们对多重人格的关注和讨论。

该片由真实案例改编，而主角的原型则是大名鼎鼎的比利。

1977年10月，美国俄亥俄州的警方抓到了三起强奸案的疑犯比利，在盘问比利的过程中，警方发现他有些"不同"，他完全没有一般被捕后的紧张和慌乱。在证物面前，比利声称自己是无辜的、坚决不认罪，三名受害人的描述也与比利的表现完全不同。三名受害女性对于他的描述分别是"眼球不停地震动""有德国口音""有八字胡"，这显然不是比利，这些"不同之处"让警方产生了怀疑。

几次盘问后，警方发现比利有一点"特别"，不同时间的比利展现出来的状态是不同的，言谈举止甚至不像同一个人，警方请来了多位精神科医生检查他是否患有精神疾病。正是这次诊断，让比利被写进历史——比利是典型的多重型人格障碍的患者，是当时发现

人格最多的患者。

比利展现出来的每个人格都有自己的年龄、体型、兴趣和特长，他们在不同的时间出现，轮流使用一个身体。多重型人格患者的特点是每个人格有自己的性格、身材和特点，当一个人格出现时，其他人格自动退场，任何时候患者都会根据当时的环境和需要自动判断由谁来当这个主导人格，判断场景和人格转换的过程多是无意识发生的。通过转换人格，多重型人格患者能够适应不同的场景，达到最大可能保护自我的目的。每个人格有自己独特的记忆，每个人格并不知道其他人格的存在，经过他人提醒后或特别的事物刺激后才会发觉其他人格的存在。这也解释了为何询问比利时，他不记得自己的罪行。

在之后的审判中，比利的律师以"当时比利神志不清，不能控制自己"为由为他辩护，并召唤为比利诊断的医生和心理学家作证。最终法庭承认了比利的患者身份，宣布比利无罪释放并被送到州精神病院接受治疗。

随着医生的深入了解，人们发现比利的多重型人格与他的童年经历息息相关。比利的母亲名为洛西，在第一次婚姻失败后来到迈阿密以唱歌为生。比利出生于一个破碎的家庭，他的父亲已有家室，他的母亲在迈阿密与他的父亲同居时生下了他，他还有一个哥哥和一个妹妹。他的父亲酗酒、赌博，而且具有自杀倾向，最终在比利四岁时他的父亲扣下了扳机自杀过世。过小的他无法保护自己，不知如何度过这段黑暗的时期，开始出现多重型人格倾向，他分裂出的第一个人格——小女孩克里斯汀正是此时出现的。

父亲死后，母亲带着三个孩子回到俄亥俄州，与第一任丈夫再次结婚，但这段重新结合的婚姻只维持了一年的时间。之后，洛西遇到了卡尔莫，两人结婚。父亲母亲给比利带来的创伤还未抚平，卡尔莫的虐待和强暴更是让年幼的比利无法承受，他的多重型人格分裂症状越来越严重。

比利的悲剧人生源于他悲惨的童年经历，童年的不幸和生活的不易引领比利一步步走向黑暗，他一直是社会边缘人士，在强奸案件发生前，已经被多次记录在案。通过比利和众多的案例发现，多重型人格的形成多源于童年创伤，尤其是童年产生的性侵害，其中女性患者是男性患者的9倍。当人们受到侵害时，尤其是发生在年幼时，患者多会采取一种"放空"的方式应对，产生"这不是发生在我身上"的想象，多重型人格也因此产生了。

因为患有多重型人格障碍，比利虽然犯下了罪行却没有受到应有的惩罚。很多人认为多重型人格或许将成为罪犯逃避惩罚的新方式，但现实证明这是不可能的。

20世纪70年代，有位男子奸杀了10名女子，在被逮捕后他声称自己患有多重型人格。为了判断他是否真的患有多重型人格障碍，警方请来了精神医生，医生通过观察发现他确实存在另一个"杀手"人格，但事情似乎有些蹊跷。

为了判断这一切是不是谎言，警方请来了著名的心理学家Martin Orne为他诊断。Martin Orne在与他的聊天过程中先是欲擒故纵，装作不经意地透露给他多重型人格患者至少有三个人格的信息，随后他果然开始展露出第三个人格。

之后Martin Orne在一天的时间内多次对他进行了心理测试，让他的心理疲惫不堪，也让他的防线逐渐降低，在将要结束时，Martin Orne告诉他测试结果显示他并非真正的多重型人格，彻底击垮了他的心理防线。

在警方的取证过程中发现，他的家中有许多关于多重型人格的书籍，他的亲友也表示未曾发现他有心理异常的情况，他的亲人中也没有人患相关的心理疾病。最终他承认了自己的罪行，警方将这名想依靠多重型人格障碍逃脱罪行的犯人绳之以法。多重型人格之间记忆不互通是十分难以模仿的，加上如今的心理诊断的辅助设备更为先进，测谎仪器也更加完善，想要控制生理反应躲过各种测试是不可能的。

提起多重型人格，人们多会想起可怜又残暴的比利，想到他的罪行不寒而栗。实际上除了极端如比利的多重型人格障碍的患者，大多数患者是不具备危险的。

2018年YouTube的年轻博主Jess受到广泛关注，她是一名多重型人格障碍的患者，她将自己的生活记录在视频中并分享在YouTube上。视频中记录了她人格转换的全过程，再次掀起网友对多重型人格障碍的关注。多重型人格障碍是一种心理疾病，通常被形容为一个身体里住着多个灵魂。与比利的经历相似，Jess也有着受伤的童年。

Jess四岁时就意识到自己的母亲是与众不同的。她的母亲患有双向人格障碍，她的父亲是一位瘾君子，父母经常暴力相向，最终两人分开。童年不幸的经历给Jess带来了巨大的心理创伤，她在四岁时分裂出了第一个人格Max。

Jess的身体中同时住着五个灵魂，全是为了逃避生活和保护主体人格Jess而出现的。Max是比Jess大两岁的哥哥，Jade是承担母亲角色的三十一岁的人格，十三岁的Alex则是Jess的闺密，Kathy和Quinn是一对幸福健康的二十一岁双胞胎姐妹，这些人格陪伴和保护着Jess，让她在现实生活中少受一些伤害。无论是本体人格Jess，还是分裂出的其他人格，他们看上去都是可爱善良的，这与比利展现出的众多负面人格截然不同，Jess的可怜经历证实了多重人型格障碍并非只分裂出负面的人格。每个患者多重型人格的分裂过程是不确定的，可能分裂出善良正直的人格，也可能分裂出具有侵害性的人格，要正确看待多重型人格障碍，不要将其与暴力、罪犯联系到一起，更不能歧视患者。

多重型人格障碍的治疗主要是心理治疗和精神治疗，通常会首先采取催眠分析让患者释放他们的潜意识，让医生理解和解释患者为何患病。随后鼓励主体人格接纳多重人格，与不同人格之间形成移情关系，避免患者主体人格对其他人格产生敌意。之后鼓励不同人格间的交流，这是为了主体人格接纳多重人格做铺垫。最后，诱导主体人格发泄，消除主体人格与多重人格间的隔膜，让多重人格消耗发泄或是融合到主体人格中。

　　患有多重型人格障碍的人多是受过童年创伤的可怜人，多重型人格是他们建立起的一道自我保护的院墙，我们要做的是帮助他们走出心理阴影，恢复健康，重新拥抱社会，而不是让他们生活在歧视和恐惧的目光中。

## 3. 偏执型人格：每个人都跟我过不去

《渴望》是1990年出品的一部电视剧，它讲述了一个复杂的爱情故事，塑造了许多经典形象，轰动一时。其中黄梅莹饰演的王亚茹让人过目不忘。王亚茹是一名医生，送未婚夫去干校学习后，发现自己怀孕了，在没有与未婚夫商量之下就生下孩子。谁知未婚夫突然回来，她将孩子的事情告诉未婚夫，等着幸福降临的她却只收到一封信，未婚夫告诉她自己正在被通缉，要逃了，让她忘了自己，还带走了孩子。

女工刘慧芳同时面对两个年轻男子的追求，一个是帮助她摆脱困境的宋大成，一个是正处于困境需要她帮助的王沪生。刘慧芳与王沪生结婚后，收养了一个孩子名叫小芳，第二年他们自己的孩子出生了。刘慧芳在上夜大的时候认识了王亚茹的未婚夫，但她并不知道对方的身份，偶然间她得知了小芳的身世，小芳竟然是王亚茹与她未婚夫的孩子。

王亚茹的经历让人同情，但是她个人却常常让人"招架不住"，她被认为是整个剧里"最没人情味"的人，她与周围的人格格不入，与弟弟、弟媳、朋友，甚至未婚夫的关系都不好，她对待人和事都冷酷无情，做事情随心所欲、不管不顾，更不会考虑他人的感受，她的行为引起了身边人的反感，甚至到了厌烦的程度。

王亚茹自私的行为模式是偏执型人格的典型特点，很多人会将固执的性格与偏执型人格混为一谈，实际上两者有巨大的区别。固执的性格是指对某个人或某件事情的看法难以改变，坚持自己的想法，而偏执型人格则是由于某种因素导致自己对他人、社会或是事情产生错误的认识和观念，并在大脑中不断强化这种错误的认识和观念，即便身边的环境发生变化，他思考的方式也不会改变，仍然是错误的方式。相比较而言，偏执型人格表现的是一种病态的固执，对外界极度敏感和嫉妒，情绪暴躁，对人不信任，极度自负，甚至会歪曲事实。严重的还会产生暴力倾向，他们心里总是有着"我过不好，都别想过好"的想法。

在生活中，偏执型人格障碍患者是很难相处的，他们内心有源源不断的恐惧，这些恐惧感裹挟着他们，给他们不安全感，让他们不断地向周围的人确认对方的真诚，甚至会想要控制周围的人，他们对于周围的人是有敌意的，只有他们自己才是在安全范围内的。

偏执型人格障碍的发生与家庭氛围和成长环境有密切的关系，父母有偏执的情况，孩子患病的概率会更大。家庭环境对个人性格的建立有决定性的作用，很多人格有缺失的人，都是家庭教育的缺失和家庭环境造成的。

通常的偏执型人格障碍患者是不愿意就医的，他们通常意识不到自己的问题所在，在他们的判断标准里，犯错的不是自己，而是别人。如果自己与他人的观点不一致，而且对方不服从自己，这会燃起偏执型人格障碍患者的暴力情绪，他们不介意大打出手让对方认同自己，许多家暴也是这个原因。

虽然与偏执型人格障碍患者的相处艰难，但是偏执这一特质对于一些人来说却是他们成功的法宝。许多成功的商人都是偏执型人格障碍患者，他们将偏执运用到工作中，工作上要求严格，认定目标便不会中途退缩，这样的精神使得企业更为严谨和专业。

虽然偏执型人格障碍能够成就一些人的成功，但他们的成功绝不是仅仅因为这种精神疾病，更取决于他们的想法、能力和专业性。无论对谁，偏执型人格障碍都是一种疾病，需要进行治疗。

目前，对于偏执型人格障碍的治疗办法大抵有三种，认知提高法、行为训练法和自我疗法。患有偏执型人格障碍的人并非都知道自己患病了，如果他们自己不自知，很难主动做出改变，治疗的难度也会更大。偏执型人格障碍患者常常表现出怀疑，即使是每天都见到的亲人，他们也会怀疑，认为他们有所企图，通过经常询问确认他们是否是可信的，但就算得出了可信的结果，也会再度推翻，开始怀疑他们的动机。偏执型人格障碍患者的高度怀疑使得自己和身边的人都痛苦不堪。

偏执型人格障碍的治疗过程非常艰难而且容易复发，不仅需要本人配合治疗，也需要家人、朋友的帮助。面对偏执型人格障碍患者，我们要尽量展现出友善，让对方知道你并无敌意。如果不是十分危险的事情，对于他们的想法和行动要予以支持，表达不同的观点也要循序渐进，潜移默化地影响他们，让他们做出改变，强硬的态度不仅不会帮助他们康复，反而会适得其反。面对患者，我们不仅要有爱心和耐心，也要保护好自己。

## 4. 边缘型人格：上一秒天使，下一秒魔鬼

《致命诱惑》是一部经典老片，影片讲述的故事很简单，已婚律师汤姆·加洛格与女编辑艾丽克丝一夜缠绵，汤姆·加洛格以为两个人的关系到此结束了，但对于艾丽克丝来说一切刚刚开始。

艾丽克丝是出版社新聘用的编辑，热情开朗，她第一次见到加洛格时就有好感，在一夜缠绵后更是对这个男人感兴趣，但是显然加洛格没有继续交往下去的意愿，留下一张纸条就走了。艾丽克丝不满，给加洛格打电话，在电话里挑逗他，加洛格经不住诱惑，再次赴约，沉醉在美色中。到了晚上，加洛格想要回家，艾丽克丝不准，为了留住他，甚至割腕威胁，加洛格只好留下来。

第二天是周一，加洛格早早离开，白天在单位工作，晚上回到家中，妻子贝思和孩子都在，他以为艾丽克丝已经成了过去。可是第二天一早，艾丽克丝就在办公室等他，为自己的冲动行为向他道歉，表明自己对他的爱意，加洛格不接受并表示以后不会再见她。之后艾丽克丝仍然时常骚扰加洛格，加洛格苦不堪言急于摆脱。面对冷淡的加洛格，艾丽克丝变本加厉，烧了他的车，给他寄录音带

威胁他，甚至还躲在他家持刀行凶，在艾丽克丝与加洛格扭打的过程中，贝思为了救加洛格开枪杀了艾丽克丝。

艾丽克丝的爱和做法都十分极端，具有很明显的人格问题。我们常说的人格障碍是一种主观、内在的问题，尤其是在自我认同和人际关系方面的问题，这些问题不是一时也不是阶段性的，而是长时间困扰着患者。人格的问题是难以改变的，也是难以治疗的。

种种迹象表明艾丽克丝是边缘型人格障碍的患者，这是一种关乎人际关系、自我形象和情感类的精神疾病。患者有时候会认不清自己，不知道自己是个怎样的人，始终面对一种空虚感，这种疾病主要表现为冲动的心理和行为模式。最新版的《精神疾病诊断与统计手册》中介绍了这种疾病的几种症状：

（1）避免自己被遗弃，包括真正的遗弃和自己幻想出来的遗弃。

（2）表现出紧张的人际关系，人际关系不稳定，始终在理想的关系和破灭的关系之中变化。

（3）对自己的形象和感觉长期变化。

（4）有至少两种自我伤害的行为。

（5）存在多次自残甚至自杀行为。

（6）情绪不稳定，一会儿急躁，一会儿抑郁，一会儿又表现为焦虑等。

（7）时常感到空虚。

（8）难以抑制愤怒情绪。

（9）偶尔表现出偏执或分裂。

第87届奥斯卡金像奖最佳影片《鸟人》讲述的就是一个边缘型人格障碍患者的故事。过气演员瑞根曾因为一个超级英雄的角色红遍美国，但在那之后他再未出演过任何让人记住的角色，逐渐走出大众视野的他不仅面临工作上的困境，家庭生活也出了问题。为了再次登上舞台，他策划了一场百老汇的演出。

可是演出前，他的搭档威胁他要毁了这场演出，他的女儿也问题重重，曾经傲慢又敏感的他决定结束这一切。片中鸟人的形象就是瑞根形象的外在表达，强大的外表下又显得那么脆弱，他的自私、执着和愧疚都在最后的一跃终结了，他作为边缘型人格患者的一生也结束了。

瑞根的生活结束了，但是挣扎在边缘型人格障碍中的大众却无法如此轻易地与世界告别。与瑞根相同，边缘型人格障碍患者一直处于挣扎之中，有的患者表现为空虚，有的表现为愤怒，而有的则更多地表现为跳跃的思维。有时，他们会情绪变化快且激烈。边缘型人格障碍患者在人际交往方面时常会遇到问题，与恋人更容易产生冲突，一会儿表现得很温柔，一会儿又暴怒。他们展现出一种"分裂的心理结构"，也就是说他们在不同的时间内对同一件事同一个人会产生完全不同的感受。这种自相矛盾逼迫着他们，让他们无法抉择。他们的不同感受并非虚幻的，都是真实产生的，是基于某一点的判断放大形成的。

边缘型人格障碍患者经常给人一种控制欲强的感受，实际上他们虽然有控制欲，却没有这样的能力，他们只是展现出一种想要控制的情绪。

边缘型人格障碍患者在陌生人面前是十分有吸引力的，他们懂得如何通过包装展现自己良好的一面，温文尔雅、魅力十足。当你跟他们熟悉以后，他们仿佛变了一个人，上一秒还是天使，下一秒就变成了魔鬼。一点小事情就能让他们心情大变。

边缘型人格障碍患者多是敏感的，需要感情来填补自己的空虚，他们对爱情的渴望是超过常人的，却经常在里面受到伤害。在受到伤害以后，他们会更加质疑自己，认为自己的出现是个错误。为了摆脱这种情绪，他们会紧紧抓住爱情，这种执着和过分热情会让另一半感到太过浓烈和疲惫。在恋爱关系中，他们不仅自己爱得深沉用力，也需要对方用同样的方式证明自己的爱。没有安全感让他们始终认为自己将要被抛弃，这种情绪严重的时候会产生"被抛弃的话不如死了"的想法，这就是他们在恋爱过程中产生的"自我毁坏"情绪，也常常因此发生危险。"自我毁坏"情绪浓烈的时候，冲动型患者会产生自残和自杀的行为。

对于友人也是一样，一方面需要朋友，一方面又做着伤害友情的事。他们在交朋友时过分理想化，认为每一个新结交的朋友都是很棒的人。在慢慢接触的过程中，他们发现他人的不足，就会有受伤的感觉，会陷入极端，又报复性地认为对方是很差的人。实际上，人都有自己的优点和缺点，要合理看待自己与朋友的关系。

因为抑郁情绪，患者经常将自残自杀挂在嘴边，这样亲友和恋人一直处于紧张的状态，害怕他们做傻事，尽量满足他们的要求，这种关心行为让患者和亲近的人产生一种控制他人和被控制的感觉。

另外，有一部分边缘型人格障碍患者的不安源于童年经历，童年被抛弃的经历始终影响着他们，加上一些不稳定的家庭关系，父母在成长过程中的缺失，父母的争吵等家庭环境加剧这种被抛弃的感觉。

电影《叫我第一名》中的主人公布莱德正是因为童年经历产生了边缘型人格障碍的症状，他因为年少时就患有妥瑞氏症，经常担心被抛弃，被同学们当成怪胎，久而久之产生了心理问题。好在他最终找到了自己，克服了心理问题，实现了自己的梦想。疾病并不可怕，边缘型人格障碍也不可怕，重要的是找到自己的位置，积极配合治疗。

边缘型人格障碍的治疗需要药物治疗和心理治疗相结合。

药物治疗实际上是在降低患者的愤怒情绪，降低他们的冲动性行为，甚至是攻击性行为。总之在治疗边缘型人格障碍的过程中，药物治疗是第一位的。

心理治疗以辩证行为疗法为主，这是边缘型人格障碍的核心心理治疗方法，主要教会患者调节自己的情绪，学会释放和忍耐，学会如何与人相处，改善不良的人际关系。其次的辅助疗法还有心智化基础疗法、移情焦点疗法、图式疗法以及人际关系疗法。

帮助边缘型人格障碍患者恢复健康的心理，首先要帮助他们培养面对现实的勇气。他们在人际交往过程中，经常做出违背心意的举动，这是一种索要关心的行为。当你认真地关心靠近时，他又会因为害怕受到伤害、害怕再次被抛弃而保持拒绝的姿态，但是这样的做法对他们自己和亲近的人都无益。要帮助引导他们说出自己的真实感受，害怕就是害怕，难过就是难过，有勇气说出有勇气面对，这样才利于关系的长期发展。

其次，在日常的生活中发现幸福。边缘型人格障碍患者希望稳定下来，但是他们的种种做法却将人推得更远。这是由于他们的不安，让他们将浓烈的单一的安全感建立在一个个小的具体的事物上，引导他们发现生活中的幸福，一顿可口的饭菜、一个喜欢的物件、一部好看的电影等都可以在细微处替代友人传递安全感。当微小事物给他们带来幸福感的时候，积极鼓励他们，加深他们对这方面的好感，慢慢建立幸福感。

帮助患者走出心魔，很重要的一点是让他们感受到自己的重要，要经常向他们表达"你很重要"，并且让他们知道他们是不会被抛弃的，让他们感到安心。经常进行语言上的鼓励能够让他们对自己有信心，也对他人抱有信心，对减轻边缘型人格障碍的病症有所帮助。

边缘型人格障碍的治疗过程是一场艰难的战役，而且极难治愈，但是通过药物治疗、心理治疗和亲友恋人的帮助，能够大大减轻症状，在治疗的过程中要注意不要反复刺激他们的情绪，要有所忍耐，真诚地帮助他们走出困境。

# 5. 反社会型人格：身边的定时炸弹

《蝙蝠侠》系列电影中的小丑堪称影史上最迷人的反派之一，他的高智商、残忍和痛苦的形象吸引了很多观众。尤其是小丑穿着女护士的衣服，微笑着炸掉医院的场景更是成为影史上的经典一幕，他的邪恶、暴力充斥着一种特殊的美感。

2019年大热的电影《小丑》是DC漫画公司的另一部佳作，交代了许多《蝙蝠侠》中没有讲到的事情——小丑是如何形成的。小丑原名亚瑟，童年经常遭受母亲男友的虐待，悲惨的经历让他患上了反社会型人格障碍，每次的谈话治疗并没有改变他的状态，反而让他了解到眼前的医生并不关心他。他靠着药物、想象和工作治疗自己，直到有一天，他失去了一切，列车上嘲笑的人，街头上的闹事者，甚至母亲的谎言都变成了最后一根稻草，压垮了他。然后，他开枪射杀了几个人，最后杀了更多的人。

小丑的经历是他的一段噩梦，也是他发病的原因，他的"反社会"的病因正是扭曲的社会。小丑患有的反社会型人格障碍也被称为无情型人格障碍、社会性病态，是一种对社会影响最为严重的心理疾病，世界上大概有4%的人患有此病。反社会型人格的形成受家庭教育和家庭环境的影响颇大，一方面父母的教育准则和父母的文化程度影响着他们的成长发育，另一方面生活在何种家庭、父母关系、家庭经济情况等也影响着他们的成长和心理的形成。如果亚瑟生长在一个友爱的家庭，他可能永远都不会成为嘴角上扬眼中含泪的小丑。

反社会型人格障碍患者通常具有鲜明的特点，《正常的银面具》一书中列举了16种反社会人格的特征："（1）相貌智力均在中等以上，给人的第一印象，常使人产生好感。（2）不带有精神病分裂症的症状，思维并不紊乱，也没有幻觉与妄想现象。（3）不带有焦虑症与情感障碍的症状，情绪既少焦虑，也少激动。（4）对人对事既无责任心，亦无义务感，因此，在言行上无法取信于人。（5）缺乏坦诚气概，予人以虚伪印象。（6）知过而不思悔改，且无羞耻之心。（7）所表现之侵犯别人的行为，事先并无明确动机或计划，多起于隐蔽性的冲动。（8）缺乏是非善恶判断能力，不能从失败经验中获取教训。（9）极端以自我为中心，在损害别人利益以满足一己私欲之后，不会对人回报，甚至不愿付出应该的亲情与爱意。（10）情感冷漠而缺少变化，不似常人般受外因感动而有喜怒哀乐的表情。（11）缺乏领悟能力，不能见贤思齐，不能从别人的榜样行为中学习改变自己。（12）虽不关心别人，却强烈需要别人的关注与信赖。（13）常在幻想状态下对人表现恶作剧行为；以粗鄙丑陋的言行惹人厌恶，尤以酒后为甚。（14）不显示有自杀倾向。（15）在两性关系上，纯以自我满足为出发点，与异性交往从不认真，从不向对方付出真心与爱情。（16）生活无目标、无计划，也无方向，在生活中的一切活动，对其自身幸福而言，都是一些自毁行为。"

2019年6月24日，章莹颖案终于尘埃落定。2017年，毕业于北大的章莹颖怀揣梦想来到美国伊利诺伊大学厄巴纳香槟分校进行交流学习。但是仅仅两个月后，章莹颖和她家庭的美梦就破灭了，章莹颖突然消失了。报警后，警方经过排查，最终抓到了一名嫌疑人克里斯滕森。虽然种种迹象表明，克里斯滕森与章莹颖的失踪有关，但是缺乏有效证据，加上两人几乎没有交集，克里斯滕森态度坚决，矢口否认。直到两年后，2019年的一次庭审，克里斯滕森承认自己杀害了章莹颖。

警方在他的电脑里找到了他的网页浏览记录，大部分是关于"绑架""处理尸体""处理现场"等内容。可见，克里斯滕森的绑架是经过策划的，他甚至还向女友炫耀过自己"非常擅长"这个。最后交代了作案详情的克里斯滕森还告诉警方，他还杀了12个人。经过调查，他的供述属实，但是警方在整个调查过程中发现，他与受害者们并无交集，一切都仿佛一场随意而为的表演。

没有作案动机、没有冲突纠纷、本人缺乏同理心并没有意识到自己所作所为意味着什么，这是反社会型人格障碍的典型特点。克里斯滕森因为自己的病让13个人和他们的家庭陷入悲伤，而他自己则完全无感。

一些反社会型人格障碍患者很像克里斯滕森的状态，给人冷酷无情之感，但实际上不是。他们表现得无情，是因为他们无法感受到正常人恐惧、焦虑和悔恨的体验。他们看待人和动物没有差别，甚至从暴虐中产生快感。他们经常使用极端词汇来描述事物，无论是积极的还是消极的，让他们的话听起来可笑、不靠谱。但是聪明的患者会通过观察他人的反应，来纠正自己的语言和行为，在成长过程中逐渐扮演一个看起来"更正常"的角色，并非所有的反社会型人格障碍患者都如克里斯滕森那般危险。

"我不是精神病，我是高功能反社会人格。做好调查再发言。"这是《神探夏洛克》第一季中大名鼎鼎的神探夏洛克·福尔摩斯所说的话。福尔摩斯正如他自己说的那样，是高功能反社会人格。他聪明自恋，拥有比常人更为敏锐的观察力，不合群而且神经质。与此同时，他还是一个破案的天才，他依靠自己的敏感、观察和思考，帮助警方破获一起又一起案件，成为知名的侦探，贝克街221b号更是各界人士寻求真相的地方。福尔摩斯的朋友很少，他很难与人结交，但是这并不妨碍他在社会生活中过得很好。他依靠自己的天才游走于上流社会之中，被上流社会所接受，获得了许多成就。

可见，反社会型人格的人并非不会被社会接受，也并非注定会有不幸的一生。即使是像夏洛克·福尔摩斯一样变幻莫测、无礼神经质的人也可以代表正义的一方，守护着这座他生活的城市。反社会型人格障碍患者虽然具有危险性，犯罪率高，但是只要他们没有做出违反社会道德和法律的事情，同样可以生活得如鱼得水。

《生活大爆炸》是一部经典的美国情景喜剧，里面的主角之一谢尔顿同样也是一个反社会型人格障碍患者，虽然他在与室友、同事和恋人甚至父母相处的过程中遇到很多难题，但是并不妨碍他成为一个出色的科学家、一个可以信赖的朋友。

一次，莱纳德和同为科学家的好友拉杰做实验，结果发生了意外。莱纳德想坐电梯下楼把桶扔掉，谢尔顿知道后，马上冲出来把桶扔在电梯里，将莱纳德拉出了电梯，并且关上了电梯门。电梯门刚关上，电梯里就传来了一声巨响，桶里的物质爆炸了，谢尔顿救了莱纳德。他克服了自己的恐惧、不适和不安，让莱纳德免受危险。

虽然在平时相处中，谢尔顿会让朋友感到尴尬和不爽，但是他也在接受和学习身边的朋友们处理感情的方式。在最终季的最后一集中，谢尔顿和老婆荣获诺贝尔奖，但是他没有念准备好的自负的演讲稿，而是真诚地表达了对朋友们的感谢和爱。谢尔顿的样子更像我们生活中反社会人格障碍患者的模样，他们可能看起来有些怪异、不好相处，但并不是每个人都具有攻击性，很多患者可以过上正常的生活，享受友情，享受生活。

反社会型人格的种子一般在儿童时期就已经种下，在青春期达到最高，在成年后情况有所缓和。也许反社会型人格障碍患者能够正常生活在社会中，但这种疾病仍然需要治疗。治疗过程与其他人格障碍类疾病的治疗过程稍有不同，反社会人格障碍的治疗通常从单一治疗开始，逐渐转变为综合治疗。患者在长期的心理治疗的过程中，人格特质会发生变化，但是同时需要其他治疗进行辅助，例如药物治疗、神经反馈治疗等，只有如此才能让转变的人格更稳固，达到治疗效果。

## 6. 自恋型人格：我就是宇宙的中心

　　乔布斯是现代企业的神话，他的名字也多与天才、创新、奇迹这样的词汇联系在一起。从即将破产、难以为继到世界一流，苹果一路走来离不开乔布斯的领导和创新精神，他改变的不仅是苹果公司和行业，可以说他改变了世界。在个人电脑、动画电影、音乐歌曲、移动电话、平板电脑和数字出版方面，他引领了世界的潮流。乔布斯除了大众熟悉的这一面之外，还有另一面，更神秘，也更与众不同。

　　乔布斯的前女友蒂娜·莱德斯介绍，他是个极为自恋的人，经常表现出典型的自恋型人格障碍的特征。1989年乔布斯向她求婚，虽然当时深爱着乔布斯，但她还是拒绝了。原因是他们相处时乔布斯时常表现出刻薄的一面，她既不愿意看到他的刻薄伤害自己，也不愿看到他伤害别人，相处过程中充满了痛苦，最终蒂娜选择了离开。

　　这则故事记载在沃尔特·艾萨克森所著的《乔布斯传》中，这也是唯一一本乔布斯授权的传记，也是借此承认了自己自恋型人格的事实。除此之外，《乔布斯传》中还记载了许多他自恋的故事。

苹果公司创办于1976年，是他和沃兹共同创办的。沃兹同样是个天才，iPhone的一代和二代产品都出自他之手。之后斯科特加入了苹果，成为苹果的总裁，他把"1号"员工的头衔给了沃兹，乔布斯为"2号"，乔布斯很是恼火，他要求把"1号"的头衔给自己。

斯科特拒绝了乔布斯，乔布斯因此大发雷霆，甚至为此事落泪，后来乔布斯想到另一个办法，他要当"0号"，斯科特同意了，但因为美国银行的编号系统规定，"0号"是不可以的，乔布斯又变回了"2号"。

工作和生活中的许多侧面给我们描画出一个更加真实的乔布斯，一个自恋十足的乔布斯。生活中的乔布斯自恋性格展现得更多，他认为自己独一无二，做的事情也常常"出格"。他不想给车上牌照，为了避免上牌照，经常半年换一部新车，有时还会将车停在残疾人专用的停车位上，偶尔还会霸占两个车位。

乔布斯高中毕业后，与当时的女友克里斯蒂安·布伦南开始同居生活，但生活中矛盾不断。这样自恋的乔布斯确实不是我们熟悉的，但自恋造就了他也造就了苹果。因为自恋，他认为自己和苹果公司会创造出时代性的产品，在他的高压政策下，苹果确实做到了，苹果一度成为业界翘楚，是完美的代名词。可见，自恋也是一把双刃剑。

自恋一词源于英文单词narcissism，本意为水仙花，实际上则代表着古希腊神话中的纳西斯。纳西斯是个美少年，同时也是个自恋狂，他看到河水中自己的倒影便爱上了自己，但他并不知道那是自己的倒影，每天在河边欣赏水中人，死后变成了一朵水仙花，后来随着心理学的发展，人们开始用水仙花形容自恋。

自恋型人格障碍是一种复杂的人格障碍，他们自我感觉良好，认为自己有许多优点，缺点寥寥无几，身边的人都不如自己，但自恋的同时又有着自卑情绪。自恋型人格障碍患者在自恋的同时，还关心他人对自己的评价，渴望收获鲜花与赞美。事实上，他们认为自己拥有的非凡的能力都是建立在错误的判断上，因此也往往收获不到预期的称赞，此时他们的心中容易产生落差，有些患者会用愤怒、暴力、侮辱的方式回应这种落差。

托尼·史塔克，影迷们一定很熟悉这个名字，他是漫威系列电影中的人物——钢铁侠。在影片中，他是亿万富翁，同时也是一个天才，二十一岁时他接手了家族企业，成为一名年轻的企业家。他并没有因为年轻遇到企业难题，反而将企业做得更强大更有名，自幼聪明的他再次显示了自己的能力，也更满足于自己的狂妄和自恋。

他与其他的超级英雄不同，他并非成熟稳重和不畏强权的，他加入复仇者联盟后仍然用着商人的计较模式计算着每一次行动的利弊，同时他又是自私的，他不愿损害自己的利益。他从不认为自己的自恋是错的，甚至认为自己的自恋是有道理的。

当他经历过一次次战争，他的女友遭到危险，他的队友遭到危险，当看到他的队友如此无畏，为了保护平民不顾自己的安危，不计较自己的得失时，当他看到手无缚鸡之力的女友也参与战斗时，他触动了，什么东西在他的内心开始瓦解。

最后的史塔克成长了，他不再是那个自私自利的企业家，他关掉了制造武器的企业，在行动中更考虑平民和队友的生命，肩负起责任。在最后一战中，他完成了自己的使命，用生命换取了和平，也不再是那个自恋的史塔克，而是一个承担起责任值得信任的史塔克。史塔克治愈了自己的自恋。

自恋型人格障碍患者所表现出来的是情感上的淡漠，但实际上他们只是无法感受他人的情感，好像没有这种思考的能力。因为对自己的过分关注，造成了自恋型人格障碍患者共情能力的缺失，面对他人的情感和遭遇，他们往往是缺少同情心的，也因此会产生一系列复杂的问题。在工作场合中，他们对于权力和职位的追求，令他们把同事过分地放在了竞争对手的位置上，造成了工作中许多不愉快。在生活中，他们过分需要关注和赞美，又无法给予亲友同样的回馈，也极少能帮助亲友分担心事，又造成了与亲友关系的疏离。身边的人总会感到自恋型人格障碍患者对人总是忽冷忽热的，实际上这是因为他们关注的始终是自己，对他人的友好也是指向自己的，从而也缺乏了正常人与外界的界限感。当然，他们也很难正常感受到亲人、朋友和爱人给予的爱，他们更是无法体会到对方对自己爱的需求。

除此之外，自恋型人格障碍患者还有一个显著的特点——用谎言装点生活和工作。他们为了满足自己的自恋，为了彰显自己的成就和特殊，常常用谎言去修饰自己的成绩，或者用谎言去证明自己。当谎言被人揭穿后，他们并不会承认，有的会恼羞成怒，有的会用其他谎言去掩盖。有的心理学家认为自恋型人格障碍患者的谎言有助于他们的恢复，但目前这种说法并未被证实。目前自恋型人格障碍的治疗主要以心理治疗为主，需要亲友的配合，帮助他们正确认识自己和他人，帮助他们建立正确的人际交往关系。

自恋型人格障碍与自大狂虽然有些相似，但两种病症有一个极为重要的区别，自恋型人格障碍虽然是一种自恋的情绪状态，但患者身上始终有自卑的情绪存在，但自大狂不同，他们极度自恋的同时并没有自卑的情绪。

自恋型人格障碍的种种表现都彰显着他们以自我为中心的原则，他们的心里只有自己，没有他人。当他们进行"自我否定"的时候，又会陷入深深的自卑情绪中。

实际上，我们每个人都或多或少的存在自恋和自卑心理，但自恋和自卑始终在合理的范围内波动，一旦自恋情绪超过了这个范围则表现为自大型人格障碍，一旦自卑情绪超过了这个范围则表现为自卑型人格障碍。弗洛伊德认为自恋型人格障碍的形成与人的儿童时期关系密切，如果一个孩子在3岁前经常被家人忽略，那么他会将与外人无法建立起来的亲密关系转向自己，自己与自己建立亲密关系，也就形成了自恋。现代对于自恋的分析也多是建立在弗洛伊德的理论上的，加以修改，并引入社会文化因素，也就形成了今天的自恋型人格障碍的理论基础。

自恋型人格障碍患者通常情况下不具有攻击力，我们在与他们相处时不需要处处戒备，他们甚至像婴儿一样，心理脆弱且幼稚，需要你哄着告诉他们一些道理，如果你用跟孩子相处的那一套与他们相处，你会发现与他们的相处轻松了许多。

与他们有工作上的往来时，要明确你的要求，他们甚至会出于自恋让自己尽量把事情办好。如果你想让他们完成一些任务，还可以将他们的需求与你的需求相结合，这样工作效率会有大幅度提升。与自恋型人格障碍患者相处并非一件轻松事，在帮助他们的同时要照顾到自己的心理感受，让自己在这段关系中更轻松自在一些。

# 7. 自卑型人格：我怎么这么差劲

李诞主持的《脱口秀大会》第二季节目上线后，吴昕再次登上了热搜，作为节目中的领笑员，她安慰一位不自信的参赛选手时提到："我在主持时，也有这样的问题，因为我是典型的自卑型人格。"

吴昕是中国知名的节目主持人，她从业多年，是《快乐大本营》的常驻主持。大众对她印象良好，认为她是个乐观的姑娘，也很喜欢看她在舞台上搞怪搞笑。虽然有些观众对她的主持水平有所质疑，但观众从未意识到真实的她竟然是自卑型人格。

其实，早在之前的访谈节目《非常静距离》中，吴昕就透露出她成长的舞台是《快乐大本营》，但同时也是《快乐大本营》让她变得更加不自信。刚加入《快乐大本营》的五年是她人生中最不自信的五年，她常想前辈随便做点什么就能让观众笑，可是她使尽浑身解数也不能让观众笑出来。

在《我们家那闺女》节目中，吴昕的生活方式再度引起人们的讨论。那个原本舞台上欢乐的身影在现实生活中竟然会如此孤独和郁郁寡欢。吴昕进入主持行业源于《闪亮新主播》的比赛，赛场中那个快乐、骄傲、自信的姑娘被选中，一下子进到最火的节目中。与其他主持人相比，她找不到自己的定位，不知道该怎么获得观众的喜爱，慢慢地，她的自信和快乐被消磨掉了。虽然已经过去多年，吴昕的主持水平、专业能力早已提升了一大截，她通过参与不同类型的节目突破自己，但是她的乐观和自信反而没有了。

生活中有很多人如同吴昕一般，虽然生活和工作看上去并没有什么大的难题，但是他们就是不自信，认为自己没有那么好，这一切的始作俑者就是自卑型人格障碍。

自卑型人格障碍也称回避型人格障碍，通常表现为社交方面的障碍、自我评价过低、对负面评价过分敏感的一类人格障碍，这种人格障碍多起源于童年的经历，患者童年时多表现出害羞、孤僻和胆小的特质，成年后这种性格特质继续发挥着作用，影响着他们的人际交往和工作。他们认为自己是缺乏吸引力的，自己的社交能力也不强，认为自己哪里都比别人差一截，看起来敏感又自卑。在亲密关系方面，自卑型人格障碍的患者也因为这些问题，难以与他人建立亲密关系，这也是吴昕难以建立亲密关系的一个原因。

美国精神医学学会发布的第五版的《精神障碍诊断与统计手册》中指明了自卑型人格障碍的七种症状："（1）因为害怕批评、否定或排斥而回避涉及人际接触较多的职业活动；（2）不愿与人打交道，除非确定能被喜欢；（3）因为害羞或怕被嘲弄而在亲密关系中表现拘谨；（4）有在社交场合被批评或拒绝的先占观念；（5）因为能力不足感而在新的人际关系情况下受抑制；（6）认为自己在社交方面笨拙，缺乏个人吸引力或低人一等；（7）因为可能令人困窘，非常不情愿冒个人风险或参加任何新的活动。"

《海上钢琴师》这部豆瓣评分高达9.3的经典电影时隔二十一年，第一次在大银幕上和内地观众见面。其中"斗琴大战"片段堪称影史经典。从心理学角度进行解析，蒂姆·罗斯饰演的钢琴师1900是一个典型的自卑型人格障碍患者，他的内心敏感、自卑，音乐是他最好的避风港。1900从小就接受了"他属于世界之外"的观念，面对水手父亲的死亡和初恋，他选择了逃避。从始至终，他都没有勇气去面对现实的生活，一生都没能逃离Virginian号邮轮这个牢笼。

专家学者普遍认为自卑型人格障碍与家庭影响关系密切，也与生物化学、基因、习得性恐惧、令人不安的思维方式有关，但这些原因之间的关系和作用原理还不明确。这种人格障碍会带来一种羞耻感，这种羞耻感源于患者童年的心理经历和童年时常受到父母的训斥有关。经常被训斥的孩子会将这种带有屈辱色彩的经历内化，形成消极的自我意识，还自责地认为自己不配得到爱，也相信别人不会给自己爱。

除此之外，生活中的挫折也会打击一个人的信心。有位创业者大学毕业就开始创业，至今已经八年，期间尝试了三种完全不同的创业类型，但每一次都以失败告终。妻子受不了他总要创业，总是跟他吵架，整日家中弥漫着紧张的气氛。他也从原本乐观积极的样子变得敏感自卑，情绪也是一天比一天糟糕。除了创业，其他事情上他也开始自卑，妻子发觉他有些不对劲，带他去医院检查后才知道他得了自卑型人格障碍。

阿德勒在《自卑与超越》一书中提出一个观点，他认为每个人都有不同程度的自卑，有时候自卑才能引领一个人走向卓越。在面对困难时，自卑往往是首先冲出来的情绪，自卑也意味着你开始认识了解自己，从而才会让你产生解决事情的想法和办法。但与此同时，长期的自卑感也会折磨着你，让你无法振作、怀疑、逃避，甚至采取极端形式去逃避。

自卑型人格障碍的形成是需要很长时间的，第一个阶段可能只是受了些打击，自己有些郁郁寡欢，并没有在意，但如果任其发展很可能会变得更加严重。第二个阶段是自卑型情绪开始造成生理上的不适，总是会有身体不舒服的感觉，却又说不出究竟是哪里不舒服，与此同时心理上的痛苦也加剧了，更不愿意接触他人。第三个阶段，患者会开始接受自己的状态，人会变得特别消极，拒绝现实，也拒绝与人接触。他们会遭受心理和生理的双重折磨，也会遇到生活和工作上的问题。

因为许多自卑型人格障碍的问题与家庭教育和环境有关，为了降低自卑型人格障碍的发生，家长应该从幼儿时就开始培养孩子的自信心，让他们对失败有正确的认识，通过失败成长，而不是被失败打败。让孩子拥有健康的心理基础，不仅可以避免自卑型人格障碍的发生，也可以避免许多其他类型的人格障碍。

成人的自卑型人格障碍的治疗主要在于消除自卑感和克服人际交往障碍。

消除患者的自卑感有三种方法。首先，要帮助患者建立正确的自我认识，对自己有个客观的评价。自卑型人格障碍最显著的特征就是自卑，患者经常陷入自责的情绪中，认为自己都是缺点。实际上每个人都有长处和短处，帮助他们了解自己的长处，也看到别人的不完美，让自己更自信，渐渐消除自卑感。

其次，对自卑情绪要有正确的认识。自卑并不是一无是处的，一般自卑的人更具有同情心，愿意帮助他人，做事仔细认真，同时又很谦虚。但自卑型人格障碍患者的自卑太过强大，甚至影响到了他们的生活，因此要减少他们心中的自卑情绪，但并不是消除自卑情绪，只是形成一个更健康的心理状态。

最后，自卑情绪可以通过自我暗示减弱，当自卑情绪袭来的时候，告诉自己"我没有那么不好，我其实很好，我可以胜任很多事情"。经常这样自我激励，能够帮助自己建立自信心。

克服人际交往障碍是一个不可强求的过程，是一个需要时间铺垫的过程。如果你想改善自己的人际交往，你可以给自己制订一个计划，可以先从身边经常碰到的朋友开始。刚开始的一周，与几个常见的人每天聊十分钟；接下来的一周，每天与他们聊二十分钟，其中你感兴趣的可以再多聊十分钟；第三周，除了继续上一周的交谈时间，再找一位朋友不计时地随意地聊天；第四周，除了之前的交谈，可以在闲暇时找朋友小聚或者进行一次短途旅行；第五周，试着进行一些深层次的交流，或是更专业的交流；第六周，开始尝试与陌生人交流。

　　这样的训练看起来轻松，但在实际操作的过程中很容易因为一点小事中断，想克服社交障碍一定要循序渐进按照这个过程完成，当你已经完全自如地与陌生人交谈时，你的社交障碍可能已经不见了。

　　很多人认为自卑型人格障碍患者只是不够坚强有些自卑，并不是什么大问题，这是一种错误的认识。自卑型人格障碍是一种会影响到生活和工作的心理问题，如果不进行干预，很可能会酿成苦果。如果你身边有这样的患者，不妨试着与他们多交流多鼓励，帮助他们走出自卑的阴影。

# 8. 依赖型人格: 三十八岁的婴儿

《被嫌弃的松子的一生》是一部全球知名影片,电影以松子的侄子为她收拾遗物作为开头,在收拾的过程中,松子的哥哥也就是侄子的爸爸告诉儿子,松子的一生是"无聊的无趣的一生"。父亲的评价让他对这个从未见过的姑姑产生了好奇,他开始了解姑姑的故事。

松子出生于大野岛,是个可爱的小姑娘,却得不到父亲的喜爱,相比之下,父亲更喜欢经常生病的妹妹。小时候看过一场小丑表演后,松子养成了紧张时扮鬼脸的坏习惯,父亲每次看到她扮鬼脸就更烦了。

松子大学毕业后成为一名教师,后来在学校里看到学生阿龙偷东西,但松子看他可怜没有告发他,被人知道后因为包庇被学校开除了。松子在此之后选择离家出走,和作家男友开始了同居的生活。可是她畅想的美好生活并没有到来,男友的写作并不顺利,他经常借酒消愁,每次喝过酒或是心情不好就会打松子,不但不贴补家用,还经常管松子要钱。虽然同居生活并不令人满意,但松子依然无悔地付出着。

　　松子的付出没有打动男友，最后男友卧轨自杀，离开前，他只给松子留下"生而为人，我很抱歉"这句话。之后，松子成了作家朋友的情妇，却得知对方并不爱自己，只是在利用自己，松子为了发泄，开始自暴自弃地生活，甚至找了份浴室女郎的工作，成为当地最有名的妓女。之后浴室倒闭，她又有了新的男友，可是她再次被利用。被发现后，男友想将两个人一起赚的钱全部拿走，松子不同意，两个人在扭打的过程中，松子意外杀害了男友。

　　她逃到东京，本来心灰意冷的她打算自杀，却意外结识了一名理发师，正当两人打算重新开始的时候，警察找来了，松子因为误杀被判处八年的刑罚。出狱时，理发师已经有了妻子和孩子，她只身离开。在狱中，她曾幻想出来后与理发师一同经营理发店，在狱中她学了很多理发知识。出狱后，她只能自己一个人在理发店工作了。此时，松子遇到了她曾经包庇的学生阿龙，两个人坠入爱河，但此时的阿龙流落黑帮已久，做了很多坏事。最后，松子本来想要和阿龙一起自杀，但是阿龙却退缩了，他选择了报警。阿龙意识到自己不能给松子幸福，刑满释放后阿龙没有去找松子，而是选择了离开。

　　苦等无果的松子终于意识到她再也等不来阿龙了，她不再相信他人，也不再相信爱情，开始自暴自弃，成为一个人人讨厌的"老太婆"。终于有一天，松子明白要为自己而活，不能一直依赖他人的时候，被几个小混混乱棒打死。随后，人们在枯竭的河川旁发现了她的尸体，那一年她只有五十四岁。

松子的一生是一场悲剧，造成她悲剧的除了周遭的生活，还有她的依赖型人格。无论她在哪里，在做什么样的工作，都想要有一个依靠。她从未想过依靠自己改变现状，总是把希望寄托在他人的身上。

每个人都应该有独立的精神和意识，不能一直依赖他人。而依赖型人格障碍则表现为缺乏独立意识，经常感到无所适从，没有活力，感到无助，害怕被人遗弃，患者会像藤蔓一样依赖他人生存，尽量服从他人的指令，让别人安排自己的生活。为了保持亲密关系更是完全放弃了自己的兴趣和观点，完全屈从于他人的意志，对他们来说最无法忍受的就是亲密关系的破裂。当亲密关系破裂时，他们会有毁灭的感受，会感到特别无助，甚至将自己生活困苦的责任完全推卸给他人。

生活中很多人都喜欢依赖，但是否达到了病理的程度，除了人格障碍的诊断外，主要从以下几点来判断，满足其中三者就可以判断其为依赖型人格障碍：（1）对于生活中的重要决定，依赖型人格障碍患者都希望他人帮自己做决定；（2）不会对他所依赖的人提出正确合理的要求；（3）害怕自己被抛弃，独处时感到不安和失落；（4）害怕亲密关系中另一方抛弃自己，同时也害怕只有他一个人照顾自己。

《不一样的天空》同样是一部引起广泛讨论的影片，约翰尼·德普在里面扮演了青年人吉伯特·格雷普，莱昂纳多饰演他的弟弟阿尼。家中唯一正常的只有吉伯特·格雷普，他的母亲患有肥胖症，不能出门，他的弟弟又有智力问题，总是制造麻烦。他的家庭情况将他牢牢地捆绑在家中，完全没有了自己的生活，从小到大都没有离开过生活的镇子。

他的母亲和弟弟无疑是有依赖型人格障碍的，其实他自己也有这方面的问题。他用"照顾家人"的借口让自己总是出现在母亲和弟弟的身边，总是顺从他们的意志，为他们妥协做出让步。实际上，母亲和弟弟的问题可以寻求社会帮助，还会有其他方面的解决办法，他完全可以不用那么累，但是他却甘愿陷入那种麻烦的境地中。

这种现象在生活中很是常见，有的家庭夫妻双方生活不和谐，丈夫还有家暴行为，但是女方不但不离开还纵容丈夫的行为。许多人把这当作爱，实际上这是依赖型人格障碍的症状，是一种失去自我人格和判断的表现。他们的牺牲是不值得的，也是病态的。正常情况下，人和人之间的关系是相互的，过分的依赖会破坏这种相互关系，让彼此的关系不对等，这样的关系是很难维持的，哪怕可以维持也会有巨大的付出。

《不一样的天空》的结尾，吉伯特·格雷普将已经死去的母亲留在屋子里，放火烧了屋子，代表他从原来的依赖关系中走了出来，代表了他的新生。现实生活里，依赖型人格障碍患者想要摆脱这种病态的依赖行为，要经过专业的治疗，首先要进行习惯纠正，其次重建自信。

依赖型人格障碍患者的依赖行为已经成了习惯，首先要让他们戒掉这种习惯，让他们明确意识到自己的哪些行为是带有依赖性的，做好记录，方便检查，通过短时间内的自查和朋友的检查，帮助他们逐渐戒掉依赖的习惯。帮助他们培养自主意识，可以从很小的地方开始，鼓励他们按照自己的意愿穿衣服，根据自己的意愿选择吃什么，让他们在这些小事情上形成自主意识，再逐渐扩大到大的事情上。习惯的改变和培养是很难的，在他们锻炼的过程中，亲友要检查和督促他们，让他们没有可乘之机。

纠正习惯是在日常行为上约束他们，而重建自信是从心理上帮助他们摆脱依赖型人格障碍。首先，从童年经历开始，开解和消除他们童年经历中的自卑和依赖，帮助他们回忆，让他们正确意识到哪些经历是不对的。甚至可以让他们列举童年听到过的对他们产生不良影响的话，让他们从童年阴影中走出来，意识到那些话是不对的，现在的他们是有能力对抗的。随后可以多多尝试冒险的事情，这种冒险并不是传统意义上的冒险，而是之前陷入依赖障碍时不敢做出的尝试，比如一次离开依赖关系的旅行、一次独立的尝试，久而久之增加自己的勇气，提升信心。当他们变得强大，明确知道自己的能力后，依赖情况会大有降低。

我们常见到的妈宝男、啃老族也是一种依赖型关系。小王就是一个妈宝男，他刚出生，他的母亲就和父亲分开了，母亲将一部分原因归到他的身上，在他的成长过程中经常提起。他自己也陷入了深深的怀疑和自卑中，认为父亲的离开都是自己的错。这样的成长环境下，小王产生了依赖型人格障碍，他变得离不开母亲，对母亲唯命是从，刚开始母亲还很欣慰，认为儿子听话懂事。

但是小王结婚以后，母亲感到不对劲，小王的小家里有什么问题他都会问母亲。此时的小王已经三十八岁了，还像个"巨婴"一样依赖母亲，出了事情不找妻子商量，反而找母亲商量。母亲为难，妻子也生气，小王的生活自然不顺心。一次，在与妻子吵架后，他直接搬回了母亲家，母亲劝他回去，他不愿意，妻子找他回去，他也不愿意。最后还是心理咨询师帮他做出了改变，让他回归到自己的小家，也让他逐渐戒掉了对母亲的依赖。

生活中小王的这种情况很常见，虽然他已经三十八岁，早该拥有自己的独立人格和意识，应该由他来照顾母亲，但他仍然依赖着母亲，仿佛一个还未长大的孩子。依赖型人格障碍不是一种简单的心理上的依赖，而是一种会影响到家庭生活和工作的人格障碍。在初发阶段的治愈成功率最高也是最简单的，当你发现身边的人有这种倾向时，不妨鼓励他们做出改变，让他们变得更为自信。

第二章　焦虑不安的灵魂——深入骨髓的恐慌

# 1. 社交恐惧症：陌生人，滚远点

1986年9月1日，江疏影出生在上海，她凭借着优异的成绩考取了上海戏剧学院，这是中国顶尖的培养演员的摇篮。她毕业后参演了众多影视剧，《致我们终将逝去的青春》更是将她推到了大众面前。

江疏影是青年演员的代表，在我们的印象中，她一直是自信开朗的代名词。但是在《说出我世界》的演讲中，她分享了自己患上社交恐惧症的故事。在爆红之后，江疏影不得不面对巨量的人际交往，需要经常与工作人员、演员和粉丝打交道。时间一长，她变得不愿意也不敢与人交流，连主动打招呼都变成了难事。被社交困扰的江疏影决定改变，她开始有意识地锻炼自己，战胜面对人群的恐惧。虽然在媒体面前江疏影总是自信的，但是她说自己曾经是很自卑的，后来做了演员才有意锻炼自己，让自己变得自信，不再对自己要求那么高。

除了江疏影，很多影视明星都有社交恐惧症，但是他们的工作又需要不停地与人交往，这对他们来说非常痛苦。霍建华也说自己曾经有社交恐惧症，不知道怎么跟工作人员和粉丝交流，在演艺圈锻炼多年才终于克服了。

社交恐惧症是一种常见的神经症，是恐惧症的一个亚型。社交恐惧症的患者大多有一些自卑和敏感，如同江疏影一样，对自我要求过高，眼中只有自己的缺点，忽略自己的优点。患者知道这种对人际交往的恐惧是不正常的，但仍然会害怕。

社交恐惧症的出现大概有三种原因。首先是经常进行自我贬低，表现得不自信。许多患者在与人交流的过程中表现出不自信，总是认为自己表现得不好。实际上，他们会错判一些正常的社交行为，原本正常合理的社交行为都会被他们认为自己表现得不好，这种想法让他们更不愿与人交流。一个人越是想表现得完美越是会放大自己的缺点，也就越容易产生挫败感，越不愿意社交。

其次，许多人缺乏社交技巧，在社交中屡屡碰壁，也让他们更不愿意社交，逐渐形成了社交恐惧症。

还有一种人患有社交恐惧症是因为他们总是带有目的地进行社交。在整个社交过程中弥漫着这种压力，往往达不到期待的效果，产生社交焦虑，形成社交恐惧症。

影片《伯纳黛特，你去了哪》的主角伯纳黛特毕业于普林斯顿大学，刚毕业就进入了设计大师的企业工作，三十二岁获得了"麦克阿瑟天才奖"。她掀起了一股绿色建筑的先锋运动，她的作品被美国民间艺术博物馆永久收藏。可以说她在建筑领域达到了顶尖水平，就是这样一个聪明人，却被社交恐惧症困扰着。

她离开了建筑设计大师的企业，开始一段隐姓埋名的生活，同时做着关于建筑的种种实验。虽然她离开了自己热爱的行业，一个人默默做着建筑方面的工作，但行业内关于她的故事还有很多，她是学生们最崇拜的建筑设计师，与多位建筑大咖齐名。"20英里屋"是她的得意之作，却被买主无情拆掉了，为此她很痛苦，陷入深深的纠结中："在我彻底的自我毁灭之前，我也会想到奈吉尔·米尔斯·穆雷，我真的坏到了这个地步，活该让有钱人搞个恶作剧毁掉我三年的心血吗……但我是个艺术家，我还得了'麦克阿瑟天才奖'，我难道不能突破一下吗？我有时候看电视，会看到最后出现奈吉尔·米尔斯·穆雷的名字，我心里犹如狂风暴雨般地咆哮着，他竟然还在继续创作，而我呢，怎么还是支离破碎的鬼样子？让我来清点一下我这个玩具箱里的东西好啦：羞愧、愤怒、嫉妒、幼稚、自责、自怜。"她清楚地意识到自己正逐渐走向毁灭。

虽然事业有成，名誉加身，但她一直远离工作和社会，没有朋友，她一直拒绝着外界的一切。每次出门她都会戴上墨镜，就连送女儿上学也不例外，看着女儿走进校园就开车离开，从来不会像其他母亲那样牵着女儿的手送进校园。为了减少和他人打交道，她在网上雇用了一位虚拟助理，后来FBI找上门来，原来她雇用的印度助理实际上是一名俄罗斯黑手党。她还剥夺了家人的权利，她坚持全家挤在一间破乱的旧房子里，家里的基本设施都成问题，地板上裂了个大洞，杂草长进了屋子，房间里夹杂着各种味道，她完全屏蔽了外界。虽然如此，她的丈夫和女儿并没有责怪她，而是接受她并帮助她改变。

社交恐惧症严重时会影响到我们自己和身边人的生活，克服它的办法也有许多。

（1）学会接纳自己。在陌生的场合中，我们每个人对于社交都会产生恐惧，重要场合的讲话也都会感到紧张，这是一种正常状态。不要对自己的要求过高，接纳自己的不足，其实别人并不会在意你不完美的表现，你大可不必担心给他人留下不好的印象，有时候你偶尔犯的小错反而让你更可爱。克服社交恐惧，最重要的是要让自己变得自信，有个健康的心理环境。

（2）在社交场合中放松。对于社交恐惧症的患者，与他人交流是个难题，松弛的社交环境能够帮助他们开口说话，这种环境可以让患者自己创造，在谈话过程中有些小动作，或是玩玩笔，或是托着腮，或是观察下周围的环境，不要让自己过分关注于谈话能让自己更放松，也更利于谈话。当然这不是要你不尊重你的谈话对象，这一切要在不影响谈话的前提下进行，小动作可以给你安全感，也能够提高谈话质量。

（3）练习。一些公开场合的演讲、一些重要的谈话可以通过练习提高谈话质量，你既可以在头脑中不断重复加以练习，也可以在真实环境中模拟，锻炼的不仅仅是谈话的内容，也是自己的胆量，当你无论在哪种场合都能自如谈话的时候，你也就克服了社交恐惧症。

（4）学会说不。很多社交恐惧症患者喜欢迎合他人，这样就能尽量减小摩擦，减少社交，实际上这是一种懦弱和妥协的表现，并不意味着自己真实的想法，大胆表达、交流自己的想法能够帮助患者提高自信心和谈话质量。

（5）关注交流本身。社交恐惧症患者在谈话过程中特别关注自己的表现，甚至超过了谈话本身的内容。这种关注只会让沟通变得困难，不妨在沟通时多听一听对方说了些什么，而不是一直想着自己表现得怎么样。在表达的时候，让自己的思维停留在怎么说清楚、这个话题的含义、对方说了什么，而不是我表现得怎么样。

小王和小李是同事，两个人平日里比较要好，经常一起吃饭下班。小王在单位的时候很正常，但是一到了年会、聚餐时就变得有些奇怪，原本善谈的他会突然变得安静，一个人坐在角落里，小李叫他过去聊天，他虽然能够正常交谈但是明显兴致不高，与在单位时判若两人。第二天回到单位，小王又变成了那个往日里爱说笑的同事。小李不解，询问了小王，小王坦言自己有社交恐惧症，在人多的地方就会感到非常紧张、不想和任何人说话，心里只想快点结束。

人们经常对社交恐惧存在一个误解，认为社交恐惧症患者就是无法正常交流、不爱说话的一群人。实际上社交恐惧症的问题并不是社交，而是恐惧。社交恐惧症患者只是不愿意与人交流，面对与人交流的情况感到不安和不适，而非不会。在交流开始时，他们已经准备好随时逃离。江疏影便是这样的例子，与她交谈的人都会感到舒服惬意，但患病时的她是不愿意交流的。社交恐惧症并不可怕，而且容易改善，让我们勇敢地迈出第一步，一步一步练习，摆脱社交恐惧症，拥有自信独立的人生。

## 2. 幽闭恐惧症：那个爬楼梯的怪人

　　《纪念碑谷》是一款在全球范围内好评如潮并且充满趣味的游戏，里面的场景神秘梦幻，许多人都梦想能亲眼看到那种充满奇特美感的建筑。事实上，在西班牙的海岸线上确实有一座现实版的"纪念碑谷"，那就是西班牙的"红墙"。

　　这座坐落在西班牙卡尔佩小镇上的"红墙"由各种各样方块式的建筑组成，阶梯错落有致地穿插在建筑中，建筑群主要呈现浪漫的粉红色，不同明暗的粉色调中还点缀着红色、蓝色、紫色等，使整个建筑群更为梦幻。因为酷似《纪念碑谷》中的场景，也因此处的风景十分秀美，这里成为网红们新一代的打卡胜地。这些浪漫建筑的缔造者便是里卡多·波菲尔，一位享誉全球的鬼才建筑设计师。

　　在普通人眼中，里卡多·波菲尔是个长相帅气、身材高大的男人，同时也是个事业有成的人。他年少成名，十八岁就有了自己的作品，二十四岁创办了精英集团"TALLER DE ARQVITECTURA"，全球的建筑大奖几乎都收入囊中，学术上也成绩显著，他是不少女孩的梦中情人。在同行眼中他是个不可多得的人才，但在他周围人的眼中，他却是个十足的怪人，因为这是个过分亲昵楼梯而十分厌恶电梯的人。

电梯的缘故让波菲尔非常讨厌出差，每到一间酒店最令他头疼的就是楼层问题，他十分讨厌高的楼层，虽然有时可以提前预订到低层的房间，但也有很多时候他不得不面对狭窄的电梯。

有一次，他到纽约出差，没有订到合适的楼层房间。他乘坐电梯上楼。同时乘坐电梯上楼的还有一个陌生女孩，长长的头发、大大的眼睛，波菲尔对她一见钟情，但碍于同行人他没有与女孩搭话。女孩拿着行李，看样子也是住客，女孩微笑着看着波菲尔，好像也对他有好感，波菲尔期待着与她的下一次见面。

还沉浸在喜悦间的波菲尔瞬间回到了现实，电梯间里逼仄的空间令他慌张，好像电梯间四周的墙壁都在向他倾斜，压得他喘不上气，他感到天旋地转、头晕恶心，手心也开始出汗，好在电梯马上到了楼层，下了电梯的波菲尔瞬间松了口气，不适反应也逐渐消退。

之后的几日，波菲尔都与同伴分开行动，不再踏入电梯，而是爬楼梯上下。

这一日，波菲尔路过电梯，碰巧电梯门打开，那一刹那他再次看见了那个女孩，女孩显然也很高兴与他再次相遇。但波菲尔心里十分纠结，他实在是不想再有上次的经历，他没有踏上电梯。

这之后波菲尔再也没有遇到这个女孩，错失了一次爱情的波菲尔成了爬楼梯的怪人，继续被恐惧支配着。

这就是里卡多·波菲尔的故事，他表现出来的是典型的幽闭恐惧症的症状，很多人在电影或电视剧中听到过幽闭恐惧症的名字，通过艺术表现有所了解，但对真正的幽闭恐惧症仍然是一知半解。幽闭恐惧症是恐惧症的一种，是一种对密闭空间、狭小空间产生的焦虑症，通常伴有心悸、流汗、紧张害怕等情绪，很多抑郁症的患者都同时患有幽闭恐惧症。

许多年过去后他仍然后悔自己当时没有踏上电梯，他决定克服自己的恐惧。他开始有意锻炼自己，提升自己的恐惧阈值，加上医生的帮助，他开始不再受制于幽闭恐惧症。

波菲尔曾说过："最终促使我成为建筑师的原因有两个，一是我的幽闭恐惧症，我必须做点什么来逃离它，而建筑能够生产空间；二则是我想要永生。"可见虽然幽闭恐惧症是很多人的梦魇，但若有正确的引导我们仍能征服这种心理疾病。

波菲尔带我们揭开了幽闭恐惧症的神秘面纱，患有幽闭恐惧症的人跟波菲尔的表现相似，主要有三种症状：

（1）在进入一些密闭狭小或是黑暗的空间时会不由自主地产生恐惧感，每个患者恐惧的场所特点大同小异，有的患者会尤其害怕某一种空间。

（2）担心自己在这些场所中身体会出现突发状况，害怕自己晕倒或是心悸等，从而无法逃离这些场所。

（3）但凡处于这种环境中就会产生恐惧感，如果不能马上逃离就会出现生理状况，呼吸加快、出汗、心跳加速、手脚发抖、肌肉抽搐，严重的甚至出现昏厥现象；离开这种环境后，即便不用药物，这些症状也会自行消失。

幽闭恐惧症的病因有许多，大多是幼年时造成的心理创伤，成长经历、性格因素、心理压力等都可能形成心理阴影，在成年后才开始发作成为心理负担，从而形成幽闭恐惧症。

倩倩是一名刚刚毕业的大学生，身体一直很好，基本上没有输液过，连感冒发烧都很少。可是刚一毕业就得了一种怪病。

那时正值盛夏，从学校回家的倩倩像往常一样，坐上回家的公交车。可能是天气闷热的原因，加上车内人多空气流通差，刚上车，倩倩就觉得胸闷喘不上气。之后几次坐公交车，也出现了相似的状况，倩倩没有在意，依然觉得是天气原因，她决定夏天不坐公交车了。

但是在工作中她也出现了一些其他的奇怪状况。毕业前就已经在单位实习的倩倩一直都是领导眼中的好员工，勤奋肯干，可最近的倩倩突然变"懒"了。她变得不爱出差，上班时也总是心不在焉的。领导因此找她谈了几次话，虽然倩倩也觉得自己有些变化，却找不出原因，恢复到之前的工作状态总是感到力不从心，最终还在实习的倩倩只能离开。

没有工作的倩倩在家放松了几日后，变得更加奇怪了。虽然平时偶尔也会有失眠的时候，但最近尤其严重。一到晚上，她的身体仿佛悄悄发生了变化，除了翻来覆去怎么也睡不着，总是感到口渴，虽然身上没有任何疼痛的地方，但会莫名的没有力气。晚间听到他人大声说话，也会很烦躁，心怦怦跳个不停，头晕目眩，用她自己的话说就是"像要死了一样"。

父母很着急，马上带她去医院检查，医生怀疑是甲亢，但做了很多检查都显示正常，最后找不出病因。医生怀疑是焦虑症，把她转到了心理诊室，经过心理医生的诊断才发现倩倩患有严重的幽闭恐惧症。

接受一连串治疗的倩倩病情虽然有所缓和，但仍然很严重，现在她最怕自己一个人出门，一个人出门就会感到莫名的紧张，怎么样都无法放松，时间长了就感到头晕。在电梯等密闭的空间里更是如此，不仅会莫名恐惧，还会出现心跳加速等生理上的症状。严重时连狭窄的楼梯间也会带给她恐惧，爬楼梯对她来说都是一种奢望。

医生一直在帮助倩倩找病因。倩倩的原生家庭很幸福，她一直生活在父母的疼爱中，但倩倩的妈妈是个急脾气，性格暴躁，耳濡目染之下倩倩也成长为一个急性子，无论在生活中还是在工作中她都比较强势，时时刻刻将自己绷得紧紧的，幽默恐惧症的到来仿佛将她脑海中紧绷的那根弦绷断了。幽闭恐惧症不仅折磨着倩倩，也折磨着她的家人。

电影《达·芬奇密码》中有这样一幕：银行职员给正在逃跑的罗伯特·兰登教授和索菲·奈芙准备了一辆运送箱子的车辆，车里全是箱子，塞得满满的，仅留出二人的位置，而且车上的窗户几乎完全被箱子遮挡住了。罗伯特看到后咬紧了嘴唇，面露难色，但面对后面紧追不舍的警官，他还是选择上了车。

晃荡的车厢、狭小的空间令罗伯特感到不适，他坐在靠门的位置，手紧紧抓住门上的扶手，一直在车内四处环顾，表现得很焦虑。不久后他跌坐在地上，额角冒汗，与索菲·奈芙商量对策时声音也有气无力的。每次车况的震荡，都会令他焦躁。

在之后的影片中才揭秘，原来罗伯特因为年幼被困井中一夜的经历患上了严重的幽闭恐惧症，每当面对狭小密闭的空间，他都会回忆起那可怕的一天。那一天他被困井下，年幼的他呼救、攀爬都没有逃出，直到第二日家人寻来他才得救，那是他经历中最绝望、恐惧和痛苦的一天。年幼时恐怖的经历成为他幼年时的心理创伤，并一直伴随着他。

罗伯特的幽闭恐惧症源于年幼时的恐怖经历所造成的心理创伤，这种原因形成的幽闭恐惧症治疗过程困难重重，不仅难以治愈，而且极易复发，许多经历童年心理创伤的幽闭恐惧症患者一生都在受其痛苦。

幽闭恐惧症是一种心理疾病，不是人们眼中的脆弱、胆小，而是一种需要治疗的病症。无数个像波菲尔、倩倩一样的患者接受着幽闭恐惧症的治疗，他们在接受心理治疗的同时，也在接受药物治疗。药物治疗主要是运用抗焦虑剂消除紧张焦虑情绪，幽闭恐惧症是一种复发率极高的病症，需要长期服药和治疗，甚至需要终身服用药物。

心理治疗是根治幽闭恐惧症的最有效方法，主要有三种治疗方法。首先是认识治疗法，帮助患者认识幽闭恐惧症，找出恐惧对象和内在成因，了解恐惧程度，帮助患者建立自信。其次是系统脱敏法，医生通过设定恐惧等级，让患者逐个等级暴露在恐惧的事物或是场所中，令感官逐渐适应接受刺激。最后是暴露疗法，在一定程度的治疗后，将患者暴露在恐惧的对象中，刺激患者做出极度反应，从而消除恐惧心理，但是这种方法有一定危险，容易造成患者昏厥，现场要具备抢救人员和设备。心理疗法十分重要和敏感，要由专业的医生来完成，否则容易适得其反。

除了医生和药物的帮助，幽闭恐惧症的病人要像波菲尔一样，多一些自我调整，让自己的内心变得强大，学会调节自己的紧张情绪，试着慢慢踏入那个你恐惧的空间，总有一天它将不再令你恐惧。

## 3. 密集恐惧症：不敢点开的图片

  2005年社交媒体上突然开始讨论莲蓬，但大家谈论的并不是食用价值和观赏价值，而是对它上面的孔洞的一种恐惧。看到《木乃伊》中爬出密密麻麻的圣甲虫，看到动物世界中水面上成千上万的虫卵，甚至看到成群结队搬运食物的蚂蚁，你是否会浑身起鸡皮疙瘩，感到恶心呢？如果出现出汗、心慌等更严重的症状，说明你很可能得了密集恐惧症。

  实际上我们经常提到的密集恐惧症是最近几年才流行的概念，之前在精神疾病和心理疾病的领域内并没有密集恐惧症的诊断，医学界认为这是一种心理现象，并不是一种病理。目前关于密集恐惧症比较认同的说法有两种：一种认为密集现象在自然界的存在主要是为了自我保护，而人类对这种密集现象产生不适，完全是出于本能；另一种认为造成密集恐惧的物体，本质上就是令人感到不适的，当单个的物体汇集造成密集的效果时，这种不适感也随着放大了。

  刚开始，心理学家把这种对密集的恐惧想象当作一种特殊恐惧症，像恐高症一样。随着研究的深入，心理学家们发现两者虽然都能引起恐惧的心理，但特殊恐惧症并不能引起密集恐惧症那种恶心反胃的感受。

很多人认为自己不会对密集物体产生恐惧，实际上有研究人员做过测试，给号称自己没有密集恐惧症的人看各种关于密集、孔洞、毛发的图片，仍然会引起他们的心理不适，只是不适的程度有所不同。可能人类在影响大自然、改造大自然，在登上食物链顶端、统治地球之后，仍然不能在大自然的面前放肆，大自然中经常出现的密集，带给我们的恐惧也许就是在告诫我们自然界的力量。

有些心理学家认为密集恐惧症是写到人类基因中的。与自然界经常出现的密集现象相似的，人类身上也存在一种密集现象，人的皮肤经常会因为刺激红肿，产生疹子，这些疹子也是一种密集物体，也能够让一些人产生心理不适。有的专家认为正是这些病症造成了人们对于孔洞对于密集的恐惧，这是人类自身的一种防御机制。通过观察还发现，女性对密集恐惧症的反应稍高于男性。

密集恐惧症实际上是一种对密集物体发生的本能的心理恐惧，图片的本身也许并不恶心，但是却引起人们心理上的反应，而产生恶心的感受。有的人面对密集物体的恐惧程度很低，有的人则表现出高度的心理不适和紧张感，这是一种常见的也是一种治疗成功率大的疾病。

密集恐惧症符合神经症的各项特质，但是令患者产生恐惧的物品和处境与他们真实所处环境的危险并不相关，引起他们恶心、心慌等的图片实际上并不具有危险，而且患者产生不适时通常伴有焦虑和自主神经的症状。面对密集恐惧的逃避行为不是单次的，而是多次重复的，而且患者自己也知道自己的恐惧没有来由，是不必要的，但就是控制不住自己。

爱丽丝是一个对密集物体忍耐度很高的一个人，用她自己的话说就是"根本没有密集恐惧症"，每次她看到别人对密集事物表现出来起鸡皮疙瘩、恶心等反应都很难理解。有一天，一件事情的发生彻底改变了她的想法。

爱丽丝从小都是一个健康的孩子，除了注射预防针、体检时抽血化验以外，几乎没有去医院打针的经历。直到这个学期，她在大学外的车站等车回家，突然从另一个街角跑出来一只发狂的大型犬，咬伤了她，好在大型犬马上被赶来的主人制止。爱丽丝在同学和犬主人的帮助下到医院注射狂犬疫苗和处理伤口，她看着护士用医用钳子夹着棉花球给自己的伤口消毒，她的目光追随着护士的手，看到了自己的汗毛，看到了自己的毛孔，她也看到了护士手上的汗毛和毛孔，她突然觉得这一切实在是太恐怖了，她有点恶心和心慌，最后闭上眼睛，脑海中还是反复出现汗毛和毛孔的画面，她终于知道密集恐惧症是什么样的感受了。

像爱丽丝这样，因为外界的刺激突发的密集恐惧症属于心理社会因素造成的密集恐惧症。密集恐惧症的主要病因有四个方面，一、家族遗传，二、性格因素，三、生理因素，四、心理社会因素。有些人的密集恐惧症来自某一神经上的刺激，有三分之二的患者能够准确找到与自己犯病相关联的事件，爱丽丝的经历就是如此。

密集恐惧症给人的感觉是对密集物品的恐惧，实际上密集恐惧症也有不同的种类。凹陷密集型指的是对密集的立体的洞洞的恐惧，有些人见到洞洞会产生一种想要抠的冲动；平面密集型是指对纸张上重复排列的图形的恐惧，这种类型的患者较少；突出密集型是对层叠的、拥挤的物品产生的恐惧，比如大量虫卵、无规则的藤蔓等。如今密集恐惧症的种类正在变得丰富，除了对密集物品的恐惧，还有的人对尖锐物品和街道产生恐惧。菜刀、剪子、针尖等，甚至笔尖、圆规等都能引起他们生理或是心理上的不适，他们每次看到这些东西都会产生恐惧感，好像自己马上会受到伤害一样。过街恐惧症也属于密集恐惧症的一种，有的人害怕穿过街道、马路等过道，感觉自己经过这样的街道会随时遇到危险，即便这种危险发生的概率微乎其微，也真切地令他们担心。这种过街恐惧症源于对街道的恐慌，并不是社交恐惧症。

大多数的密集恐惧是一种本能反应，是一种自我的心理暗示，是不需要治疗的，但如果你对密集物体的反应过激了，是需要及时治疗的。

密集恐惧症的治疗方式有两种，一种是行为疗法，一种是药物治疗。行为治疗主要是了解患者的恐惧是如何形成的，还要了解患者第一次产生这种状况时的情景，找到能够刺激患者的精神因素，随后再使用各种行为疗法进行治疗。药物治疗主要是靠药物消除患者的恐惧情绪和焦虑情绪，效果良好。密集恐惧症的治疗效果良好，尤其是儿童的和单一的成人恐惧症，严重的患者经过治疗大多转好，不会再影响生活，但广泛性的恐惧症的疗效会大打折扣。

我们每个人都有过面对密密麻麻的东西的恐惧，这种恐惧可以靠我们自己战胜。你可以时常提醒自己，那些让你紧张不安的事物其实并不可怕，都是一些平常的事物，不断强化这个概念，让自己心理上"脱敏"。如果"脱敏"过程有点艰难，还有一个小窍门，当看到密集的事物产生心理不适时，将其想象成一个美好的安静的事物，让自己忘记之前看到的场景，可以适当减轻生理和心理不适，甚至可以锻炼自己产生条件反射，每次看到类似的场景后都能幻想起美好的事物。心理上接受之后，可以重复想象一个令自己感到不适的场景，重复模拟自己密集恐惧的过程，让自己适应和习惯这种情景，久而久之，你的密集恐惧症就会得到缓解。

密集恐惧症是一种正常现象，甚至是一种刻在基因里的反应，如果你出现了密集恐惧的现象，不要慌张，只要是在合理范围内的，我们可以通过自我调节克服。千万不要让密集恐惧症这件事成为你的负担，很多时候由于人们的心理压力，会加剧密集恐惧症的症状，保持心情舒畅，锻炼自己，密集恐惧症并不是一个强大的敌人，是可以打败的。如果出现了严重的情况也不要害怕，要积极寻求医生的帮助，密集恐惧症是一种可以治愈而且治愈率很高的病症。

　　我们每个人都有自己的恐惧，这种物品你可能无感，但另一个物品可能就会让你全身汗毛竖起，所以当身边的朋友遇到了密集恐惧的情况时，不要嘲笑，帮助他们摆脱这种困扰吧。

# 4. 强迫症：今天你"强迫"了吗

你是否遇到过这种情况：家中的门窗明明已经关严了，出门前还是会反复检查，有时候甚至已经走出很远了，还要再回家检查一遍门窗、煤气；你的物品有专门的摆放顺序，一旦这个顺序被打乱，心里就会有些不舒服，一定要按照自己的顺序再整理一遍；你的小白鞋左脚被人踩了一脚，看着左边的鞋印，右边洁白的鞋子显得那样刺眼，甚至要把右脚也弄脏；吃饭的时候永远要点双数的菜品，即使是自己一个人也要多加一个菜，如果朋友多点了一个菜，一定要再点一个菜让总数是双数……有时候你也会认为自己的行为有些多此一举，但还是控制不住自己。如果你也有过这种情况，那么你很可能已经患上了强迫症。

强迫症是一种常见的情况，是大多数人都有过的一种状态，强迫症实际上是一种焦虑障碍，一种带有强迫思维和行为的神经精神疾病，严重的会影响到生活、工作和人际交往。

根据近几年的相关调查，全球强迫症的发病率正在逐渐上涨，而且正在年轻化，有超过三分之二的患者的强迫症发病在二十五岁之前。世界卫生组织（WHO）发布的全球疾病调查中显示，强迫症已成为十五至四十四岁中青年人群中造成疾病负担最重的20种疾病之一。

　　霍华德·休斯是知名的航空领域工程师，也是知名的企业家和导演，但是人们了解更多的是他关于强迫症的故事。

　　人到中年后，霍华德·休斯突然患上了强迫症，他经常重复自己说过的话，虽然意识到自己的重复但是仍然无法控制，他过分害怕灰尘和细菌，为了避免灰尘和细菌进入自己家，他用胶带将家里的每一扇门窗都封住了，过上了封闭的生活。不仅如此，他甚至设计了一套清洁隔离系统专门清理房子。这样仍然不能让他放心，他让助手将房子打扫得一尘不染，霍华德·休斯让自己过上了"无菌房"里的生活。

　　如果你以为这已经是极限了，那么接下来的事情会让你感叹自己的无知。他的强迫症在很多细节上继续放大，他无法忍受别人衣服上的污渍，看到别人衣服上的污渍甚至会崩溃得大喊大叫。吃饭的时候，很多食材都要按照顺序从大到小排列后用特殊的叉子吃。他在洁癖和强迫症的双重压力下，开始吸食可卡因，弄得自己面目全非，甚至认不出来是他本人。他去世时，警方只能依靠指纹辨别他的身份。

　　霍华德·休斯离开了人世，但是他的强迫症行为给大家留下了巨大的困惑，为何他会突然变成这样严重的强迫症患者？有许多猜测，却没有一个被证实。他的强迫症来源让人感到十分奇怪。经过十几年的研究，专家学者们仍然没有形成一个关于强迫症病因的统一说法，但主流学说认为强迫症的形成主要与心理社会、个人性格和生理方面因素有关。大多数患有强迫症的人都经过一个特殊时刻，有的人是一段失败的感情经历，有的人是遭遇了职场危机，有的人是在学习上遇到了难题，诸如此类的关键时刻仿佛开启了潘多拉的魔盒，让他们从此过上了强迫症的生活。

患者的心理因素也与强迫症有着重大关系。如果一个人是个完美主义者，在生活工作中经常追求完美，那么他患有强迫症的概率会大大升高，对自己或他人要求较高也有这样的倾向。过于认真、责任感强、不懂得变通的人也更容易患上焦虑症和强迫症。

近几年的研究发现，除了后天影响的因素，强迫症可能与基因和遗传有关。某一些基因片段，或者神经和内分泌方面的紊乱，能够造成神经递质的匮乏，从而导致强迫症。

强迫症的主要特征为强迫性的怀疑，对自己做过的事情、说过的话抱有怀疑，就像霍华德·休斯虽然已经打扫干净，但是仍然怀疑房子里是脏的。这种怀疑让患者产生焦虑不安的情绪，而且在重复检查之前很难消除。另一个特征表现为强迫性观念和强迫性回忆、思考。强迫症患者每次产生一个观念，一定会马上产生另一个对立的观念，强迫性回忆和思考则表现为不停地让自己思考和联想，一遍遍回忆细节，一遍遍思考。

　　莱昂纳多的影迷遍布全世界，他依靠主演的影片《飞行家》更是收获了大量迷弟迷妹，影片中他扮演的正是霍华德·休斯。但影迷不知道的是，莱昂纳多自己小时候就是一个被强迫症困扰的人。如果他在上学的路上踩到了一条水泥缝隙，那么放学的时候他一定要回到这个位置，再踩一下。即便目的地不一样，他也要绕远多走许多路，踩上那一下。每次踩到了口香糖、特别的痕迹，他都会如此。他自己坦言："我花了很多年时间才改掉这个非走原路不可的习惯。"好在莱昂纳多克服了强迫症，否则不知道他是否还会在影坛上取得如此大的成就。

　　强迫症给小时候的莱昂纳多带来了困扰，也给众多患者带来了同样的困扰。强迫症的危害不仅仅是身体上的折腾和浪费时间，还会产生更严重的影响。

　　（1）精神压力。强迫症患者的头脑中同时存在强迫意愿和反强迫意愿，这种矛盾和挣扎让他们十分痛苦，而且这两种意愿经常无缘由地冒出来，让患者苦不堪言。就算患者了解自己的行为是无意义的，也控制不住自己。

　　（2）性格的变化。像霍华德·休斯一样，患上严重的强迫症会造成性格上的变化，他变得不顾及他人的感受，他将关注点过分地放在自己或是他人身上，很小的细节也会影响他的心情。长时间如此，会让患者的性格发生扭曲，导致其他的心理问题。

　　（3）特定环境下的高复发率。通常情况下，强迫症是一种反复发作的病症，有时候会表现得严重一些，有时候会表现得轻一些。当患者遇到难题时，工作上的不顺利，情感上的坎坷，甚至是看到了令人伤心的电影，都会偶然地加剧他们的病情。严重的强迫症是一种需要治疗的病症，在需要时一定要及时治疗，否则病情会越来越重。

"黄金右脚""足球万人迷"等称号加身的贝克汉姆也同样被强迫症困扰着。在赛场上，他是白色球衣的王子，眼神深邃，跑姿迷人，潇洒帅气是他的代名词，但是生活里却是一个让人难以忍受的人。在接受采访时，他自己说："我摆东西时，要么把它们排成一条直线，要么就必须成双成对。"他的妻子维多利亚也说："家里的食品、沙拉和饮料要分类放，所以我们有三个冰箱。在放饮料的那个冰箱里，每样饮料都要平衡。如果健怡可乐只有三罐了，他会马上丢掉一罐，严格要求冰箱里面所有饮料都对称。"

刚开始，维多利亚不理解，甚至有些生气，但是在了解到贝克汉姆是因为受强迫症的困扰才这么做的，就开始接受他的这些习惯，并且帮助他改善强迫症带来的不良后果。

强迫症患者想要改善自己的生活和强迫症症状，首先要学会放松。在得知自己的强迫症是一种病症或是意识到自己的强迫症发作时，患者经常会感到紧张，但是这样的紧张会让情况变得更为糟糕，让自己陷入糟糕的循环中。与其他精神心理病症相比，强迫症不是一种无法战胜的病症。让自己保持松弛，适当运动能够极大缓解强迫症，运动不仅对强迫症有效，对其他精神类、心理类的疾病都有很大帮助。

其次要认识到没有人是完美的，要接受自己的不完美。对于不触及原则的事情，我们大可以不必较真，没有一个人是完美的，让自己随意一些，明白完美是一道伪命题，锻炼自己的容忍度，从经常强迫自己的地方开始，可以不那么在意卫生情况，门窗煤气也只检查一遍，让自己变得更宽容，这些不完美并不会摧毁你的生活，甚至会让你变得更可爱。

更重要的是患者要意识到失败也是一种经历，没有人可以一直成功。失败是成功之母，这并不是一句简单的鸡汤，有一千次的失败，灯泡才会被发明出来，有众多的失败经历，才有药物的诞生……失败甚至是一个必经阶段，人生中失败也是如此，我们要明白自己的失败并不可怕，关键是要从失败中获得经验和教训，减少之后的弯路。意识到失败，承认自己的失败能让自己的精神不那么紧绷，让自己能够走出强迫症的限制。

只要肯治疗，肯做出改变，强迫症没有那么可怕。

# 5. 躁郁症：天才和疯子的一线之隔

躁郁症包含了我们熟悉的抑郁成分，也包含了狂躁的成分，患者会表现出旺盛的精力、情绪化而且易怒，明显的话多，甚至不能控制自己出现砸东西、自残等行为。抑郁发作和狂躁发作有时是分开的，有时又是结合的，当它们同时发作时，患者经常表现为烦躁和失眠、食欲变化、精神异常和自杀念头，一个人既精神上兴奋，又表现得很悲伤。

躁郁症是一种容易误诊的病症，青年期是躁郁症的高发年龄段，在儿童身上，经常被误诊为多动症，成人经常被误诊为单向抑郁症、精神分裂症和边缘型人格障碍。人类身上为何会出现这种可怕的病症，并没有确切的说法，但目前医学界普遍认为这种病症的发生不是一个方面引起的，而是生物学、心理学和社会环境等多方面因素影响后的结果。在诊断过程中，要首先进行体检排除生理上的问题，随后进行心理上的多项检测。

躁郁症是一种长期的、复发率高的心理疾病，需要长期的治疗，需要情绪稳定类药物配合其他药物一同使用，专业的心理干预和心理治疗也是必不可少的。临床观察发现，长期的治疗可以减少患者复发的次数，是有效且必要的。

电影《一念无明》讲述了一个关于躁郁症患者的故事。故事的主角阿东长期患有躁郁症，他不愿意服药，开始了情绪的剧烈变化，高兴的时候无比兴奋，悲伤的时候又孤独绝望，他经常觉得人生没有意义。他常会想到很多创业点子，但都没有付诸行动。当然，他想到的那些点子未必能帮助他赚钱。抑郁发作的时候他会把自己关起来，几天几夜不出门见人，蜷缩在床上，只有无尽的哭泣陪着他。狂躁发作的时候，他会到处骂人，发泄自己的情绪。有一次，他的躁郁症发作了。在朋友的婚礼上，他无法控制自己，不顾及朋友的脸面，登上会场的舞台指责台下的宾客。虽然觉得自己对不起朋友，但是他无法控制，他的生活充满冰与火，游走于两极的他痛苦极了。

我们单纯提到这些躁郁症的例子，是很难体会到他们的心情的。正常人的情绪变化是有合理范围的，很难从极致的兴奋过渡到极致的悲伤中，而躁郁症患者却经常经历这样的极端。2018年，爱尔兰"国宝"小红莓乐队主唱桃乐丝身亡，其生前饱受躁郁症困扰。她曾透露自己的痛苦："我变得非常沮丧、情绪负面，原本喜爱的事情也失去了兴趣，然后开始超级狂躁。我平时处于轻度躁郁的状态，但通常只能维持三个月左右，就会陷入沮丧的谷底。当你陷入狂躁时，就会睡不着，开始变得非常偏执，所以我正透过药物控制。"

躁郁症是所有精神类疾病中自杀率最高的，与抑郁症不同，很多患者自杀时并不是因为对生活失去信心，而是狂躁发作时对死亡充满好奇或是冲动造成的。2019年，在广东佛山有位学生从教学楼的七楼跳了下来，之前他被误诊为抑郁症，实际上他患的是躁郁症。他的自杀也并非真的想死，而是当时狂躁发作，他对跳楼的感觉充满好奇，甚至把这样的纵身一跃当成了游戏。从新闻中得知，他当时"对跳楼产生了幻觉，说当时就是想从楼房的边缘滑下去，还是从屋檐上飞过去。而且，他在近两年时间内，每周四五天，每天一两小时，突然文如泉涌来灵感，写了很多部小说的第一章，均有头无尾，累计约有几十万字。这就是典型的轻躁狂发展成躁郁症"。

躁郁症要接受专业的物理治疗和心理治疗，患者自己也要学会观测和调节自己的心理状态。首先，要了解自己的情绪状态，不要给自己太大的压力，实际上在抑郁发作、狂躁发作和混合发作前，患者自己的食欲和睡眠状态是会有所改变的，只要患者注意观察，当出现变化时寻求医生的帮助，减少自己的痛苦。

其次，最好在每天的同一个时间服用药物，让药物在固定时间发挥作用，这样可以避免一些副作用的发生，维持身体的稳定。

再者，适当的运动、社交活动和合适的作息时间有助于躁郁症的治疗，稳定和规律的生活节奏可以帮助患者入睡和放松，减小压力。熬夜和暴饮暴食对躁郁症患者都是一种重大的损害，会加剧他们的病情。

最后，每个躁郁症患者都经历着痛苦，要学会寻求帮助，亲友和爱人是你的避风港湾。当你发觉自己有了异样的变化时，告诉他们寻求帮助并没有什么难为情的，分享自己的心情和想法不仅能让他们更了解自己，帮助恢复，也会成为一个情感的宣泄口，让自己的情绪得到宣泄。

躁郁症发作时是可怕的，但更可怕的是身边人的冷漠。有时候，躁郁症会表现得很狂躁，也会出现极端行为，但是他们很少出现伤害他人的事情。面对躁郁症患者，我们不必害怕，他们的每一次歇斯底里都是在求助，都是在对你说"我病了，请来救救我"。此时，你不妨伸出援手，可能你的一句话就能让他丢掉自杀的念头。

## 6. 妄想症：有双眼睛在盯着我

堂吉诃德是文学史上极为重要的一个角色，几个世纪以来，文学工作者不断地从他的身上汲取灵感，创作出一部部堂吉诃德式的故事。堂吉诃德是塞万提斯笔下的人物，是一个沉迷骑士小说的人，时常幻想自己成为一个中世纪的骑士，甚至封自己为德·拉曼恰地区的守护者。他还让邻居桑丘·潘沙做自己的随从，他们化身"正义使者"，到处做自以为是的善事，闹出了很多笑话，他的行动在别人眼中满是荒唐。他在行侠仗义的途中不断遭受打击，最终从幻想中醒了过来，回到家乡后去世了。

堂吉诃德是一个被骑士小说毒害的妄想者，他幻想着把客栈当作城堡，把风车当成巨人，把铜盆当成头盔，把木偶当成敌人。他活在自己的幻想中，总是说："万一成真呢？"书中的堂吉诃德显得可笑而荒唐，但真实生活中的人却让我们笑不出来。

堂吉诃德患的是妄想症，也被称为妄想性障碍，是一种精神病学做出的诊断，指的是"抱有一个或多个非怪诞性的妄想，同时不存在任何其他精神病症状"。近几年，妄想症的得病率在逐年上涨，人们对妄想症越来越熟悉，这种疾病会将患者置于妄想和恐惧的双重状态下，处处提防，不让他人融入自己的幻想中。

在不同的年龄段中，老人更容易患妄想症。随着年龄增长，老年人的思辨能力下降，容易产生情绪波动，加上身体机能老化，记忆力减退，他们经常毫无根据地产生妄想，很多想法不符合常理，需要经过系统的治疗才能减缓症状。

电影《巴顿将军》中有这样一幕：在一场誓师大会上，巴顿对台下的士兵说："美国人从来就喜欢打仗。真正的美国人热爱战场上的刀光剑影。"他不仅用这句话鼓励即将上战场的士兵们，也将这句话当作自己的座右铭。

当敌军的战机扫向他时，他不但不躲闪，用手枪回击敌机，还对着敌机破口大骂；在慰问伤兵营时，发现一个因为"炸弹后遗症"休养的士兵，边称呼他为胆小鬼边扇他耳光，甚至拿出枪威胁要杀了这个胆小鬼；大战结束前，他曾与德军对峙，想象自己与德军的隆美尔在罗马古战场上决斗，用决斗判定战争的胜负；战争结束以后，他还对身边的人说，他要去柏林杀了那些人；他在庆祝胜利的宴会上表明希望再与德国人打一场仗；他经常对人说自己的丰功伟绩，说是自己影响了人类进程……

巴顿的种种狂妄之言让他从战功赫赫的神坛上走下来，沦为一个患有妄想症的病人。他的种种言论证明着自己的病情，历史上许多科学家、艺术家和著名将领都患有妄想型人格障碍。巴顿的妄想造就了他对战争的狂热，也造就了他的军事才能。

哲学家叔本华也是一样，他患有严重的被害妄想症；每次听到刮脸的声音仿佛感受到刀割断了自己的脖子，他害怕晚间有人趁他睡着杀了他，常年在枕头下面放着一把手枪。

巴顿和叔本华展现出了妄想症的典型症状，妄想症表现的主要症状有：（1）对人缺乏基础的信任；（2）敏感的同时自私自利；（3）没有明确的界限，分不清自己与他人的看法；（4）心中藏有秘密，害怕他人知道自己的秘密；（5）无法正确认识自己的动机和态度；（6）内心冲动，与他人关系不良；（7）一些人的发病与特殊环境有关；（8）妄想的内容不仅与个人因素有关，也与社会文化等因素有关。巴顿的妄想症除了与冲动和敏感有关，显然也与社会因素有关，而叔本华则更多的与缺乏信任和敏感有关。

妄想症不同于精神分裂症，几乎没有幻视的情况发生，他们的幻想源于大脑，而非源于幻视，但是有一些患者会出现触觉上和嗅觉上的幻觉。妄想症与自大狂的症状有些许重合，两种病症都会把与他们无关的事情认定为与自己关系重大，他们经常夸大自己的财富地位和权力，他们均产生错误的爱情观念，尤其女性居多，还经常想象自己被追杀、下毒的情景。实际上，妄想症的形成往往源于某一个细节，或是爱情中某一个伤心的时刻，或是被人侮辱的时刻，或是难堪的某一个时刻，这些细节在患者心中被放大，成为形成妄想的关键，在不经过治疗干预的情况下，妄想进一步扩展，形成患者的妄想世界。

　　《阿黛尔·雨果的故事》是一部以雨果的女儿为原型的电影。阿黛尔·雨果生活在父亲的巨大光环之下，但原本叛逆的阿黛尔并不想拥有这样的身份，她只想逃离。她决定去找一直爱慕的英国军官阿尔伯特·平松，她坐上一艘驶向美洲大陆的小船。阿尔伯特·平松长相英俊，虽然出身贫寒，却染上一身恶习。在船上，阿黛尔还在畅想："一个年轻的姑娘，独自漂洋过海，从旧世界到新大陆，去和她的爱人结合。这件难以做到的事我将要完成了。"到了地方，她才发现阿尔伯特·平松移情别恋了。为了挽回，她付出了时间和金钱，还为阿尔伯特·平松生了一个孩子。她要求父亲汇钱来，而雨果此时正在小岛上流亡，母亲病重，阿黛尔也没有回去看望，而是留在心爱的男人身边，但她的痴情没有挽回阿尔伯特·平松的心。好心的美国太太桑德斯收留了她，而她却在爱情的打击下开始神经错乱，患上了妄想症，最后住进了收容所。

　　对于阿尔伯特·平松，阿黛尔始终抱有幻想："我知道你不会忘记我，当一个像我这样的女人把她自己交给一个男人的时候，她就是他的妻子了。我不会再哭泣。每个人不能调换她的父亲、母亲和孩子，同样也不能调换他的妻子。我永远是你的妻子，直到死亡把我们分开。"而阿尔伯特·平松则直白地告诉她："你不能太认真。我在遇见你之前就有女人，遇见你以后也有女人。我打算将来还有好多女人。"面对这样的回答，阿黛尔仍然没有醒悟，仍然陷入自己制造的爱情幻想中，在房间里摆上阿尔伯特的照片，为自己和这个不在场的人办了一场婚礼。

阿黛尔对于阿尔伯特始终有一种依赖和关系妄想，她认为他是她的爱人、孩子的父亲，也是自己的青梅竹马。在一连串的否定后，她患上了妄想症，仍然坚持选择阿尔伯特，她在自己的世界里制造了关于阿尔伯特的幻想，最终一步步沉迷。

妄想症患者的妄想内容通常有关系妄想、被害妄想、特殊意义妄想、物理影响妄想、夸大妄想、自罪妄想、疑病妄想、嫉妒妄想、内心被揭露感、情爱妄想、暗示妄想和其他类型的妄想。阿黛尔这样的悲剧是可以减少的，积极治疗能够帮助患者减轻妄想症状。妄想症的治疗有药物治疗、心理治疗和团体治疗三种。

妄想症的治疗主要靠药物治疗，不同类型的妄想症选用不同的治疗药物。抗精神病药是一种治疗妄想症的常用药物，如果患者出现大的情绪波动可以添加抗抑郁药物。妄想症的治疗不仅需要西药，也需要中药，西药作用迅速，能快速让患者减少妄想，中药则负责修复脑神经。

心理治疗要以良好的医生病人关系为基础，在治疗过程中需要给患者一定的压力，但不能给患者过多的压力，压力的引导对于妄想症的治疗极为重要。在患者同意的情况下，可以让患者的家人一同参与治疗。心理治疗要配合认知行为治疗。

团体治疗要配合药物治疗和心理治疗进行，通过三种治疗方式的相互作用，有些患者会马上康复，有些治疗则困难重重，有一些患者的妄想症难以治愈，会陪伴他们一生。妄想症的治疗效果因人而异，有的患者即便不治疗也能自如生活，有的患者不加以治疗只会越来越严重。

## 7. 创伤后应激障碍：不断重复的噩梦

有一位刘女士和丈夫的感情一直很好，丈夫是个勤奋的人，包揽了家里大大小小的活，刘女士十分省心。退休之后，家里的事情不用她操心，她过得更惬意了，经常跟一群老姐妹唱唱红歌跳跳广场舞，每天晚饭后跟老伴儿一起遛弯。

可是，一天做过饭以后，刘女士的老伴儿突发心梗去世了，这件事带给她很大的打击。她跟孩子们办完丈夫的丧事，孩子想接她过去同住，她拒绝了，开始自己一个人的生活。每天她呆坐在屋子里，却再也看不到丈夫的身影，她时常感到悲伤，眼泪和失眠成了她的伙伴。孩子回来看到母亲的样子，就算母亲不同意，也将她接来同住。

住到儿子家中并没有缓解她的悲伤，她仍然整日郁郁寡欢，甚至神情恍惚，有一次带着孙子出去玩还差点将孙子丢了，时间长了她不但没有好转，反而产生了自杀的念头。儿子和儿媳妇发现了她的不对劲，带她去医院做了全面的心理检查，检查发现她的抑郁情况和自杀想法都来自创伤后应激障碍。

创伤后应激障碍是指在生活中受到重大伤害后引起的心理、情绪甚至是生理上的不正常的一种状态，有的不正常状态保持时间短，有的不正常状态保持的时间长，一些心理健康的、受伤害程度小的可以在三个月的时间内自愈，但有一些会持续很长时间，有些严重的会伴随终身。

创伤后应激障碍分为轻度、中度和重度三个类型，像刘女士这种经历丈夫去世的重大事件后，心理发生了巨大转变，整个人与之前开朗的状态完全不同，沉浸在巨大的悲伤中，还产生了自杀倾向，是一种严重的创伤后应激障碍。

轻度的创伤后应激障碍通常表现为情绪低落和活力下降，他们丧失了原本的生活乐趣，不愿意与人交流。这种情况在生活中很常见，在我们经历一些负面事情的时候，通常都会表现出这种状态。这种轻度的状态在适当缓解后，是可以自己痊愈的，通常痊愈的时间为三个月。

中度的创伤后应激障碍的抑郁情绪持续的时间更长，人会变得更为悲观和自闭，会出现一些生理上的症状，失眠多梦、紧张出汗，甚至是自杀倾向。这时就需要医生的介入了，也需要同时进行药物治疗和心理干预。

重度的创伤后应激障碍比中度的创伤后应激障碍更为严重，他们的脑海中或是梦境中经常闪现伤害事件的画面，每次的闪回都是一次伤害。此外，生活中的某些场景也会触发患者的闪回，让他们再次经历伤害，承受心理上和生理上的压力。重度的创伤后应激障碍必须要经过系统严格的精神创伤治疗才能减小伤害。

儿童也可能患有创伤后应激障碍，但是因为年龄心智等，他们的表现与成人不同。儿童在患有创伤后应激障碍后，会表现在非常小的方面，已经学会如厕的孩子发生尿床的现象，忘记或者不能说话，在玩的时候表现出自己受到伤害的场景，过分依赖父母或是成年人。孩子出现这四种状况，就要引起家长的注意了。也有稍大些的孩子会出现暴力倾向和破坏性行为。

士兵是经常发生创伤后应激障碍的一类人群，这是因为在战争条件下，士兵会有极大的心理压力，这种压力主要来自杀人的负罪感、害怕受伤、害怕队友受伤、炮火的视觉听觉刺激、长时间的身体疲劳等，有些压力甚至让士兵不能再继续战斗。战场上的创伤后应激障碍有一个专门的称呼——战斗应激障碍。

《比利·林恩的中场战事》是李安导演拍摄的一部关于创伤后应激障碍的电影，片中的主角比利·林恩从战场返回祖国后，头脑中经常闪现伊拉克战场上的情景。当战友在一旁聊天开玩笑时，他独自坐在一边；当听到大的声响时会变得紧张和恍惚，开始头痛；当其他人跟他谈话时，他不由自主地开始闪回战场上的画面：这些都是他患有创伤后应激障碍的证明。

除了比利·林恩，同时间回来的战友也患上了不同程度的创伤后应激障碍。他们参加一位战友的葬礼时，都被致敬的枪声吓了一跳，天天面对枪支的他们早已熟悉枪的样子和声音，但仍然被吓了一跳，这是他们对枪声的畏惧，这就是创伤后应激障碍。

　　早在17世纪就有相关的创伤后应激障碍的记录，但直到越南战争后才引起人们的重视。通过对当年参加越南战争的300万老兵的调查，发现他们之中约有44%—61%的人表现出创伤后应激障碍的症状，其中的17%达到了需要治疗的程度。战争是可怕的，但对于这些老兵来说，回归正常生活也是可怕的。

　　创伤后应激障碍患者会存在两种极端，或是静默无言，或是有所过激，有些人也会在其中摇摆不定，显然比利·林恩表现出的是静默无言。创伤之后，很多患者会因为自己的表现感到羞愧，压抑自己的心理，让自己不呈现出应激障碍的样子，但这对于治愈创伤后应激障碍是有百害无一利的。患者自己不应该压抑情绪，应该把这种情绪告诉亲友和爱人，寻求他们和医生的帮助。

　　面对创伤后应激障碍患者，很多朋友会安慰他们"没关系""冷静""深呼吸""忘掉"等，但是这种安慰是达不到效果的，甚至会起到反面作用。正确的做法是鼓励他们将自己的恐惧说出来，让他们知道，我们是始终站在他们背后支持他们的，与他们一同面对这种心理并且战胜这种心理。其次，帮助他们认识到，危险已经过去，伤害他们的事物已经不存在了，每次的闪回都是自我伤害的过程，要尽量减少闪回。还可以和他们一起投入一项新的爱好，用一种放松的方式缓解创伤后应激障碍带来的伤害。鼓励患者建立一个短期目标，让他们在完成目标的过程中转移注意力，从而逐渐忘掉创伤。

虽然在经历创伤后应激障碍，但是他们仍然能够感受到快乐和舒适，鼓励他们找到令自己舒服的状态，重复这样的状态，给自己最大的安慰和力量，久而久之，创伤后应激障碍会变得没有那么严重。与此同时，要保障药物治疗和心理治疗。药物治疗多采用抗抑郁药物，心理治疗包括暴露疗法、认知重建等。

美剧《犯罪心理》中也出现过类似的故事，一个士兵在战场上误杀黑人男孩后患上了创伤后应激障碍，在街上听到拆迁爆炸声误以为还在战场，开始了疯狂的杀戮。在现实生活中，很长时间士兵的创伤后应激障碍并没有得到重视，许多士兵的生活因此毁了。

如今为了保障士兵的安全，许多国家采取了预防措施：（1）每次发动攻击前充分了解敌军情况，了解对方的战备武器和作战意图，将士兵的危险降至最低；（2）增强士兵信心；（3）增强战地的心理支持；（4）加强训练，增强实景模拟训练；（5）提高士兵身体素质；（6）增加放松训练；（7）改善阵地环境，加强后勤保障。

创伤后应激障碍是一种具有延迟性和持续性的病症，也就导致了长期的心理障碍，这是一种心理失衡的状态，即便有些患者治愈了，在之后提到当时的情景时也会产生紧张感。经历同一件事的两个人未必都会患上创伤后应激障碍，这种疾病的产生与个人心理素质和经历有极大的关系，在治疗过程中也可以通过这些方面对症下药。

　　创伤后应激障碍是一种经常发生的病症，多在战争、自然灾害、重大事故和受害经历之后产生，每个患者都会经历巨大的痛苦、恐惧和无助。除了心理上和生理上的痛苦，由于这些特殊经历，创伤后应激障碍患者在工作和生活中也会遇到问题。

第三章　性心理变态——难以启齿的癖好

# 1. 恋物癖：身边的极致诱惑

《东京垃圾女郎》是一部描写恋物癖患者的影片，故事没有强烈的戏剧冲突，从开始到结束只展现了女主角美雪的生活。美雪是个看起来普通的女生，她在饭店当服务员，被一起工作的男生追求，但是她并不喜欢男生，也没有想要恋爱的心情，直到她喜欢上隔壁的摇滚乐手吉则，她开始了一段疯狂的暗恋。

美雪为了接近吉则，经常收集吉则用过的垃圾，窥视着吉则的生活。从他的每一种垃圾中，美雪一点点拼凑着吉则的人生，碎成片的简历表明他的学位，他扔掉的杂志宣扬着他的兴趣，他的账单表明他的财务状况……有一次美雪捡到一件吉则的衣服，她把衣服拿回家清洗干净，看到衣服就很高兴，还把衣服当成吉则做一些亲密的事情。

美雪完全变成了一个恋物癖，她将自己对吉则的感情完全寄托在了吉则的物品之上，看着这些东西就仿佛吉则就在她身边一样。在影视作品里，除了这部《东京垃圾女郎》，还有很多类似的故事。

出自王家卫之手的《堕落天使》和《重庆森林》中也有收集他

人用过的物品的桥段，实际上不仅电影中有这样的故事，我们生活中也有许多这样的故事上演着，主角们收集暗恋或是恋人的物品，实际上是一种恋物癖的表现。恋物癖被认为是一种性欲倒错，是将人的某一部位或无生命体征的物品作为恋爱对象，普通人眼中的寻常物品，袜子、鞋子、上衣、裤子，甚至帽子、丝巾都能引起恋物者的性趣。中国历史上对小脚女人的迷恋在一定程度上也是一种恋物癖，西方历史上的束腰迷恋也是如此。

"三寸金莲"和束腰，甚至是英国历史上曾迷恋的脚踝，都是一种将恋物情结推向整个社会的时代产物，并将这种情结修饰成整个社会的一种审美，从而将这种审美当成一种正常的性欲。

其实，恋物情结是普遍存在的，人们或多或少会有自己的一些喜好，只有当这种恋物情结达到了影响个人或是社会的程度，达到了"癖"的程度才会被认为是一种问题。如今，恋物者们甚至发展出了自己的团体，表明自己的兴趣和立场，他们通过文学、绘画、摄影、音乐等流派提供恋物相关的内容，这些色情作品被归类于恋物艺术，它们种类丰富多样，有一些也被大众所接受和喜爱。

西格蒙德·弗洛伊德把男性恋物情结归因于阉割焦虑造成的童年创伤。根据他的理论，当儿童的性心理发展经历了口欲和肛欲期，进入阴茎期，男孩就会进入幻想母亲的固定性欲期，即所谓恋母情结。

随之而来的想法是杀死并毁灭父亲来掌握母亲。一方面，他害怕父亲的报复，伤害自己的阴茎。另一方面，他发现女人没有阴茎。他发现阉割的证据，这使男孩感到阉割焦虑。也就是说，自从他母亲和其他女人被"阉割"后，他的阴茎也处于危险之中。为了缓解阉割焦虑，男孩子们会寻找替代母亲和其他女性的阴茎来证明他们的母亲没有被阉割，所以他们也可以保护阴茎本身。由此产生了恋物情结。根据这个理论，男人会有恋物癖，而女人不会。对此，女权主义者指出，许多女性都有相同的恋物情结，这使得弗洛伊德的理论无法成立。

虽然弗洛伊德的理论听起来难以理解，而且不是根据实验证据得出的，但他发现了人类性行为的一个重要方面：性兴奋和条件反射之间的关系。一些正在进行的研究证明了两者间的关系，并且让两者的相互作用原理更清晰地展现在我们面前。

2003年4月14日，在圣地亚哥举行的一次实验生物学会议上，有学者发表了一项研究结果：经常在笼子里交配的雄性老鼠，即使在没有雌性老鼠和雌性气味的条件下被放入笼子里，它们大脑中产生愉悦感的化学物质同样增加了，这便是形成了性条件反射。人类的性大概也会产生类似的反应，这或许可以解释恋物癖的现象。这与恋物癖产生于童年的理论是一致的。

另一种基于印记效应的理论认为，男性青少年经常手淫，从而建立了一个模型。手淫中经常出现的物品可能会在未来产生性唤起的效果。因此，这名少年将这个物体与性高潮联系起来。

有些恋物癖是无害的，而另一些则是应该制止的。

有些人产生了严重的恋物情结，甚至危害到了正常的生活，这样的恋物癖是需要治疗的，目前恋物癖的治疗主要集中在缓解病人的焦虑和抑郁情绪。对于一些因为大脑颞叶脑电图异常产生的恋物癖患者，需要用药物治疗作为辅助手段。无论什么原因产生的恋物癖，在治疗过程中都主要采用心理治疗。心理治疗的内容包括行为矫正法和精神分析疗法。

如果是因为个人癖好形成的恋物癖，想要克服恋物癖的习惯，需要锻炼自己不要对与女人或男人有关的特殊物品建立自己的性条件反射。一旦发现自己偶尔会被一些物品刺激，千万不要重复，多次重复会让你产生一种看到这种物品就联想到性的习惯，也就形成了恋物癖。恋物癖在不伤害到他人、不影响生活的前提下，不需要害羞或是可耻，更不要为此排斥异性。在青少年时期，要注重与异性的交往，有人认为初中高中时要专心学习，不要和异性多交流，实际上越是青春期越要积极与异性沟通，培养正常的性心理。

还有一些人因为潜意识中害怕阉割生殖器，强迫自己寻找一些安全易得的性用品，如异性身体的一部分或是某种象征异性的物品，他们通过这种方式缓解内心的不安。这种情况多发生于青少年，需要加强科学的性知识的学习，克服对性的无知和好奇，提高科学的性意识，可以有效避免恋物癖的形成。

如果不能通过自我调节的方式克服，可以通过心理咨询师的指导，了解病态心理的成因，正确认识疾病，提高你的治疗决心和自信心，达到治疗目的。通过认知疗法，让患者回忆疾病的过程，心理咨询师和患者一起寻找病因，找出问题的根源，了解这种行为的危害性，制订切实可行的改变计划，有效地减少这种行为。也可以采用厌恶疗法，当病人有恋物癖的念头时，可以给自己一种负面的刺激，如用手指捏胳膊，使自己感到疼痛，从而提醒自己要控制这种欲望，直到病人的行为完全消失。

　　青少年的恋物癖多是出于一种对性的好奇和对异性的关注，这种恋物癖并非真正意义上的恋物癖，并非病态的，也并非真实的，是可以通过心理咨询和自我调节改变的。青少年正处于青春期，性的理念和习惯可能会影响他们的一生，作为家长应该关注，而不是谈"性"色变，如果发现青少年在这方面有什么特别之处，应该帮助他们建立正确的观念，必要时可以寻求心理帮助。

　　而对于成年人来说，性是家庭生活中不可避免的一个方面，如果你的恋物癖不会影响到另一方可以不需要治疗，当它影响到家庭生活时，不要感到羞涩，应当寻求医生的帮助。

## 2. 偷窥癖：缝隙后的第三只眼

《登堂入室》是一部特别的电影，讲述了几个人的故事。

热尔曼是一位高中语文教师，致力于文学理想。这一次他给学生的家庭作业是描述自己的周末生活。这一天，他像往常一样和妻子一起看学生的作业。其中一个十六岁的男孩克劳德的家庭作业引起了两个人的注意，他描述了自己去拉斐尔家里做客的场景，而拉斐尔是他偷窥了半年的同学。作业中他描述了自己在拉斐尔家中的经历和感受，更是在结尾写了"未完待续"。

看完后，热尔曼想要提醒克劳德偷窥是不对的，但是还没提醒，克劳德就交上了第二篇作业，结尾处仍然写了"未完待续"。热尔曼的心中出现了摇摆，一方面他想提醒克劳德，另一方面他又好奇克劳德接下来会观察到什么。

他的妻子一直提醒他，但都无济于事，他开始独自辅导克劳德，沉浸在克劳德偷窥的故事中。为了得知后面的事，他甚至帮克劳德偷了数学试卷。渐渐地，热尔曼不满足于克劳德流水账一样的记录，他鼓励克劳德听从自己的内心，去制造他与拉斐尔的冲突。为了帮克劳德完成偷窥和作业，他甚至在课堂上为难拉斐尔。事情渐渐失控，克劳德终于跨越了偷窥的底线。

克劳德的偷窥源于家庭的不幸，他的家庭困苦，母亲离家出走，父亲失业致残，他的成长是在搬家中完成的。直到克劳德注意到拉斐尔的父母经常手拉手等他离开学校，这让克劳德好奇这是一个多么幸福的家庭，于是他开始了偷窥。

电影《登堂入室》是法国著名导演弗朗索瓦·欧荣的作品，囊括多项国际大奖，是一部有热度有演技有讨论度的作品，它比一般的悬疑片节奏更为流畅，现实和故事的两种视角来回转换，有一种阅读章回小说的迷人感觉。

每个人的人生中都存在过偷窥的念头或是行动，偷窥是每个人都不能明说的人性角落。虽然每个人都有偷窥癖和暴露癖，但在健康环境中成长，人们对两者的兴趣都在逐渐降低。在《登堂入室》中，克劳德不仅偷窥着拉斐尔一家，也在偷窥热尔曼一家。而热尔曼也在利用克劳德偷窥着拉斐尔一家，甚至还用窥探的视角窥视着克劳德。

电影给了偷窥癖一种表达的诉求，热尔曼和克劳德比起一般人的善于隐藏，正视了他们的偷窥癖。现实中，很多人都会为了维持表面上的伦理道德，而隐藏了内心的欲望。这就是导演的讽刺，电影中的主角在偷窥他人，而屏幕前的观众又何尝不是在偷窥电影中的主角呢？

偷窥癖是一种性心理变态，通过窥视异性（主要是男性窥视女性）的隐私或其他人的性生活来获得性满足。大多数的偷窥癖患者不会受到任何环境的干扰，会尝试各种奇怪的偷窥方式。日常生活中，经常遇到的是在浴室偷看女性换衣服的偷窥者，或者在女性卫生间的偷窥者。偷窥者在偷窥过程中伴随着性兴奋，如阴茎勃起等，而且伴有手淫等行为。

其实大部分偷窥者的动机是追求冒险和刺激，因此他们对性伴侣的裸体和调情是毫无兴趣的。据国外数据显示，95%的偷窥行为是针对陌生异性的。偷窥癖患者感兴趣的是偷窥，而不是异性，他们对公共场合中衣着暴露的异性并不是很感兴趣。而当外部展现出压力时，异性的暴露行为受到压迫，他们会立刻产生性兴奋和性满足。在可能违反法律或引起周围人的反感或讨论的场合中，观看色情视频或图片同样可以使患者获得性满足，而当环境非常安全时，色情视频或图片则无法带来同样的感受。在回忆偷窥场景时，也会引起偷窥者的性兴奋和性满足，同时偷窥癖患者往往有自慰行为。

一旦偷窥癖形成，患者会寻找各种偷窥的机会，甚至冒着被发现、败坏名誉、被毁灭的危险也在所不惜。如果他们克制住这种欲望，不去偷窥，就会产生强烈的不安，这种不安不仅不会随着时间消失，反而会愈演愈烈。大多数患者性格内向、敏感、害羞，很少参加社交活动。他们欠缺与女性沟通的能力，往往是单身，或是婚姻的失败者，缺少正常的性生活。

虽然我们的生活不是电影，但我们比想象中更接近偷窥。随着网络购物和快递业的繁荣，每天都能收到几个快递是很正常的。但令人恼火的是，每隔一段时间，就会有快递员偷快递的事情曝光。他们可能不是为了快递中的贵重物品，而是为了心理冲动和好奇去看别人的快递是什么。

此外，很多人都喜欢八卦，八卦的内容大多是周围人的一些隐私事。这种窥探他人隐私的欲望，深深扎根在每个人的心里，实际上也是一种偷窥癖，这是我们心中窥探的欲望。作为一个正常人，这样的想法通常会闪过，然后转身投入正常的工作和生活中。社会的规则和制度告诉我们，面对一些变态的心理，我们应该学会克制内心的好奇和冲动，不要让自己的行为只由欲望主导。

电影《偷窥》讲述了一个更为危险的偷窥癖的故事。一段失败的感情过后，卡莉决定搬家换一个新的环境重新开始生活。找了几个房子后，她搬进了"碎片"公寓，刚搬进公寓，她就见到了同为住客的杰克和泽克，两个人英俊潇洒让卡莉十分倾心。熟络之后，两人告诉了卡莉房间的秘密。原来卡莉之前的租户在房子里自杀身亡了，知道这件事的邻居也在公寓内离奇死亡了，目前还没有侦破。

后来卡莉才知道，原来泽克就是这间公寓的老板，而公寓的各个角落都有泽克布下的摄像头。显然泽克是一个偷窥癖患者，而且有杀人倾向，十分危险，卡莉也暴露在危险当中。最近两年，我们经常会看到酒店、出租屋中发现摄像头，出租屋洗澡被偷拍的新闻，偷窥癖正在肆无忌惮地干扰着我们的生活。

显然，偷窥行为会给别人带来很大的麻烦，著名的潘多拉魔盒的故事实际上是偷窥癖的典型表现。

据说潘多拉是赫菲斯托斯用他的力量创造的完美女人。她几乎拥有女人所有的优点，但只有一个缺点——好奇心重。潘多拉和厄庇米修斯结婚后，他们一直试图打开神给他们的结婚礼物。她丈夫提醒她并非每件礼物都是好的，一些恶毒的神会在礼盒里放恶毒的咒语。一旦开放，它将危害世界。虽然潘多拉听从了厄庇米修斯的建议，但她的好奇心压倒了一切理由。

当厄庇米修斯出去的时候，潘多拉打开了盒子，里面有幸福、友谊、爱情等，但同时也有许多坏东西被释放，如战争、瘟疫、灾难等。在潘多拉打开盒子之前，人类过着平静的生活，但这一切因为魔盒被打开而终结了。潘多拉无法忍受偷窥的欲望，在好奇心的驱使下，终于释放了所有的灾难。尽管她会因为贪婪的行为而后悔打开盒子，但当她打开盒子时也带来了另一种喜悦。

人们发现，好奇心并不是导致偷窥癖的一个原因，而是一个基本条件。如果对别人的秘密不感兴趣，自然不会有偷窥的行为；即使他对某些事情好奇，正常人也会自动划出一条不能触碰的底线。如果你不能抑制好奇心，有窥探他人隐私的想法，你就需要提醒自己是否会触及底线。必要时，偷窥者要把自己做不到的写出来，贴在突出位置，用强迫性思维在头脑中强化社会公德观念。

事实上，大多数偷窥行为通常发生在男性身上，他们喜欢偷窥女性隐私部位。在伦理和道德上，偷窥是要受到谴责的，但不可否认的是，它的出现是由其自身的生理欲望所导致的。因为这种行为往往会引起他们的性刺激，也最能反映出窥视者身心存在正常欲求的缺失。弗洛伊德认为，当一个人经历性压抑时，必然会导致不正常的性心理。这时，心理发泄的出口自然会转移到他的性幻想对象上，而最常表现的就是偷窥行为。

无论是缺乏一定的欲望，还是缺乏适当的减压方式，偷窥都是一个人行为违法、对道德底线漠不关心的典型表现。因此，有偷窥癖的人首先需要了解如何找到正确的发泄方式，并确定自己的心理和行为，把一些不合理的欲望控制在能够自我调节的范围内。

记住，当你窥探他人隐私时，你的良知和法律的公正正在不远处等待着。

## 3. 异装癖：穿着黑丝袜的抠脚大汉

你是否在公共场合中看到一些奇怪的人，穿着胸罩的大叔，穿着萝莉装的年轻男子，或是穿着男性球衣的女子……

最近一段时间，小王上班的路上总遇到一位奇怪的大叔，这是一位四十多岁的男子，穿着普通，是个在人群中并不显眼的人。直到小王的视线下移，才发现他有些不同。当时正值秋季，人们还在短袖短裤和长袖长裤之间不停摇摆，这位男子穿了短袖短裤，但是短裤下面露出了一大截女式的黑色丝袜。小王以为自己没看清，仔细看了看，这位大叔穿的确实是女士丝袜。

这之后，小王在车上还遇到过几次这位大叔，他无一例外地都穿了丝袜。像大叔这种实际上是一种异装癖，这是一种特殊的恋物情结，表现出对异性服装的特殊热爱。它反复表现出强烈的穿异性衣服并付诸行动的欲望，异装能引起性兴奋，达到性满足。一般来说，它始于儿童晚期，至少在早期与性唤起的产生有关。患者的性身份认同没有问题，即对自己的生理性别持积极态度，不想成为异性者，而且他们的性取向也是正常的，只是一种不正常的性行为方式。

异装癖不仅是现代人的特例，也是古人的一种独特爱好。

十四岁时，埃拉伽巴路斯成为古罗马塞维鲁的皇帝。虽然身为皇帝，但他仍然没有改变自己的着装习惯，他整日里穿着女人的衣服，不顾其他大臣的目光，他向医生吐露，他想成为一个女人，但实际上他有着正常的性取向，他还强占了一位女祭司。可见他只是对异装感兴趣，是异装癖患者。罗马人无法忍受这个不正常的"美人"，最后暗杀了他。

法兰西的腓力一世是路易十三国王的次子，路易十四国王的弟弟。他从小就被母亲打扮成女孩的样子，即使成年了，他仍然喜欢穿女人的衣服，而不是男人的衣服。也因此，他从来没有被视为哥哥的威胁，所以哥哥也没有管他毫不掩饰自己的"同性恋"倾向，这在那个时代是一个巨大的罪行。

目前异装癖的称呼和判定正备受争议，美国精神病学学会给出"异装癖"判定为精神疾病的条件，但要同时满足以下两个条件：（1）必须是穿异性衣服能获得性兴奋，且持续时间超过六个月；（2）一定是因为这种行为而在社会或工作中感到严重压力或受过伤害的人。

也就是说，如果你因为不接受或者周围的人不接受这种偏好而感到巨大的心理压力，或者你忍不住穿上异性的衣服出现在公共场所，影响自己和他人的正常生活才会被判定为异装癖。如果你只是简单的兴趣，或是因为工作、活动等原因穿异性的服装，只要这种兴趣不引起任何麻烦，就是安全的，不是病态的。

此外，美国精神病学学会的定义也存在争议。有人呼吁将"异装癖""恋物癖"排除在精神疾病的范围之外，就像过去把同性恋列为一种疾病一样。

异装癖表现出来的不一定是一种功能性的障碍，往往是一种无害的性偏好。因此，异装癖还无法被界定为精神疾病。如果异装癖造成了不良的社会影响，给患者的心理情绪带来困扰，可以通过治疗和干预来解决。

弗朗西斯·培根是一个出生于爱尔兰的英国艺术家，他非常有趣且经验丰富，高产又有创造力，他的画作以粗犷、怪诞、热情、怪异的形象而闻名。"他画中的抽象人物通常被隔离在玻璃或钢制的几何形箱子内，置于特征不明的背景中。"他并非科班出身，二十出头才开始画画，三十多岁时才开始认真对待绘画，他自己也承认自己的艺术生涯被耽搁了许久。在多年的绘画生涯中，他养成了自己的习惯，也发现了自己喜欢的主体。1944年，培根著名的三联画确立了他在艺术界的地位。

成名后的培根是个大家喜欢的艺术家，但儿时的他不仅害羞，还喜欢打扮自己。十三岁时，培根仍然喜欢穿女孩子的衣服，他的父亲特别气愤，让家里的马夫用鞭子抽打他让他长记性。但父亲的责骂、鞭打并没有让他改变自己的喜好，在家中举办的舞会上，他不顾父亲的目光，将自己打扮成女性，留着女性的长发，穿着裙子和高跟鞋，戴着首饰，还化了妆。

十七岁的时候，培根画了一些戴着钟形帽子和手拿长烟杆的女性形象，不小心被妹妹发现了，之后他穿着母亲的内衣在大镜子前尽情享受的时候又被父亲撞见了。父亲终于忍无可忍，他不明白为何培根会如此，便将他赶出了家门。

被赶出家门后，培根在伦敦四处游荡，靠母亲每周3英镑的信托基金生活。生活压力下，他只能靠逃避房租和偶尔的小偷小摸过日子。他从小受苦，并没有改变自己的异装癖爱好，反而成就了自己的艺术创作。当然，培根父亲想要帮助他戒掉异装癖的习惯并没有错，但做法并不可取，现在人们对异装癖的治疗有了更深的了解。

（1）精神分析。精神分析采用的方法是先让患者舒适地躺在沙发上自由联想，让他们自由地表达潜意识的内容，说出自己最真实的想法，在这个过程中千万不要轻易打断。在谈话过程中，如果患者出现"叙述不流畅"或"涉及但又突然避而不谈"的问题，这往往是异装的症结所在。在此过程中主要是让患者认清症结所在，消除症结，这不仅是纠正异装的关键，也是心理分析的突破口。

然后，让患者自由联想，对于联想的内容中关于异装癖行为的关键内容进行分析和阐释，引导患者进一步体验当时的感觉，并鼓励他们将这种感受表达出来。通过启发，让他们意识到变装行为与他以往经历中的某些内容有关。此时，患者可能会产生某种情绪，可能会表现出对心理医生的依赖、喜欢和讨厌等。心理医生要利用这种情感，通过移情的方式将患者先前的情绪引出潜意识，使其情绪得到充分释放。

同时，通过建议和劝说，帮助患者了解自己的情绪和人际关系，从而在正常生活中通过正常的方式升华或转移自己的感情，而不是通过改穿异性服装升华或转移出去，从而使异装症行为得以纠正。虽然精神分析短期内没有效果，但它能使患者了解异装行为的根源，对于进一步激发患者求医的愿望和信心，使其更好地发挥积极性、主动性有着十分重要的作用。

（2）厌恶疗法。厌恶疗法主要在于纠正自己的行为，可以在手腕上套上皮筋，当异性着装的欲望和行为出现时，患者马上拉起手腕上的橡皮筋，使手腕产生明显的疼痛刺激，直到欲望和行为被抑制。长时间的纠正后，会形成条件反射，皮筋弹起的次数逐渐减少，异装的欲望和行为就可以得到控制和消除，这时皮筋就可以拿掉了。心理疾病和精神疾病很容易反复，异装癖也是如此，但厌恶疗法的好处就是即使将来有轻微的重复，也可以通过自我控制完全消除。

厌恶疗法会给病人带来非常不愉快的经历。在患者决定采用这种方法之前，医生有责任也必须向患者解释清楚，并且只有在患者同意的情况下才能用这种方式。此外，在临床应用上厌恶疗法被视为最后的治疗方法。

异装癖与异装兴趣不同，两者主要区别在于与性的关系。通常情况下，异装癖会产生性兴奋，而异装兴趣则不同，对于cosplay和一些工作需求上的异装来说，那是一种兴趣或是工作，并不属于异装癖的范畴。

## 4. 易性癖：我本是"女娇娥"

2007年9月，刘霆被评为"全国道德模范"，而在2013年年底他被确诊为易性癖患者，而且医生建议他以女性的身份生活。

其实易性癖困扰了刘霆许多年。在他的世界里，他是娇羞的女孩子，只不过被困在了一个男性的躯体中。除了心理上的折磨，现实也在不断打击这个迷惑的人。

1999年，他的母亲查出了尿毒症，同一年，父亲下岗了，此时的刘霆只有十三岁，虽然不用扛起家中的重担，但突如其来的变故让年幼的他变得敏感脆弱，学杂费等更是一道难题。2005年，刘霆考入浙江林学院，而此时他的母亲已经患病七年，父亲也已经离家出走，无奈之下，他在学校旁边租了间房子，将母亲安顿在里面，每天背着母亲去医院打针，回来后继续学习。

《今日早报》得知了他的故事，写了一篇《大一男生，背起母亲上大学》的整版报道。报道一经刊出，便吸引了众多读者，他的故事被传播得更远，在社会上引起了强烈反响。刘霆和母亲获得了好心人的捐助，2006年，母亲进行了免费的肾移植手术，让这个破碎的家重新燃起了希望。2007年，刘霆被推选为第一届全国孝老爱亲道德模范。暴露在更多的目光下，刘霆生活的细节也被报道出来，很多人疑惑二十岁的小伙子怎么还和母亲睡在一张床上，这个小伙子细声细气很像女孩子，很多次都被认错性别……

从小，刘霆就不像其他男孩子一样，他喜欢涂口红穿小裙子，说话的时候还喜欢翘起兰花指，连上厕所都喜欢用女孩的方式。他不喜欢女孩子而是喜欢男孩，父亲经常教育他"学学别的男生，勇猛一点"，但丝毫不起作用。他自己描述为："男生的生理反应、欲望、行为方式我从来没有，是最绝对的边缘人。"

对自己身份的不认同，周围人对自己的疑惑并没有随着他得奖而消失。突如其来的荣誉带给刘霆骄傲的同时，也带来了更多的压力。在台上他是"背母亲上学"的孝顺楷模，在台下他想成为那个真正的自己却困难重重。外在的男性形象和内在的女性心理撕扯着他，让他痛苦万分。

终于，被诊断为易性癖之后，在母亲的支持下，他决定选择自己的性别。2014年8月14日，刘霆决定接受"变性手术"成为刘婷，开始全新的生活。刘婷鼓励跟她有同样困扰的人，接受治疗，大胆做出选择。

像刘婷这样，外在形象和内里表现不同，无论从语言和身体语言，包括衣着和外表，都是模仿异性，或把自己看作异性，这种情况被称为易性癖。例如，男人会戴耳环，涂口红甚至穿裙子。易性癖是一种很少见的生物学因素所致的疾病，发病率仅为十万分之一，男女的发病比例约为3∶1。目前，易性癖的发病原因还不是很清楚，一般认为是内分泌和环境因素共同作用的结果。值得注意，有些患者是因为父母想要一个女孩，但没有办法实现，所以给家中的男孩留长发、涂口红、取女孩名字等，这种做法违背了孩子的自然性别意识，阻碍孩子对性身份的认同，会导致他们的心理发生变化，严重的会形成易性癖。

胡章亮就是这样一个有错误身份认知的可怜人，他一直想当女孩子，却没有选择，只能偶尔穿穿女装满足一下自己。

1999年，胡章亮和弟弟一同来到福建晋江，做一些捕鱼的营生，后来赚了点钱，两人买了艘小渔船，开始自己干。捕鱼是一件辛苦与收获并存的工作，两人干了九年。这期间，胡章亮结交了许多朋友，但当他打扮成一个女人时，他的许多朋友疏远了他，他虽然理解朋友们的做法，但内心是难以接受的。而一些不认识他的人更是将他当作疯子、神经病、大脑不正常。弟弟也劝他"不要穿花哨的衣服，换成男装，给自己找个对象"。

胡章亮自己也很痛苦，他也想当一个痛痛快快的男子汉，但变成女性的想法一直萦绕在他的脑海中挥之不去，他无法控制自己，只有穿上女装，他才会感到舒服。他哭过，累过，自杀过，但都无法改变自己的想法。最终，他只有变性这一条路，可是高昂的手术费又令他望而却步。几次咨询和心理斗争后，他决定一点点做手术，他先做了上半身的手术，等凑够了钱再做下半身的。虽然身上具有两性性别特征，但是从那天起，胡章亮决定做一名女性，他扔掉了所有男人的衣服，穿女人的衣服，学着打扮自己，他开始修眉毛、涂眼影和口红，连腮边的胡子也一根根拔了出来。

刘霆和胡章亮是典型的易性癖患者，他们的症状明显，而有一些患者的症状并非如此明显，有几种易性癖不同的表现形式。

（1）男性易性癖。有些患者作为男性出生，但是到了两三岁的时候开始出现女性的迹象，喜欢穿着女装，参加女孩的活动，四五岁时给自己取女孩的名字。上学后，女性的一面会因为受到老师的教导、同学的嘲笑而隐藏起来。从青春期开始，他们女性的一面开始觉醒，会在心理上把自己认作女人，开始穿女装，剪女性的发型，涂口红，画眉毛，模仿女人的姿势和说话，想方法弄掉自己的胡须，垫高自己的胸部，喜欢参加女性的社会活动。此时的他们特别想进行变性手术，如果不能满足要求甚至会用极端方式自己进行。

（2）女性易性癖。易性癖的女性在童年时期就表现出男性倾向了，她们认可自己的性器官的存在，但是在心理上仍然认为自己是男性，希望通过手术改变自己的性别。她们的爱好、兴趣等方面都表现出男性化的一面。

胡章亮在易性癖的治疗过程中举步维艰，现实中如他一般的患者更是大量存在。易性癖的治疗相对困难，主要有心理治疗、认知疗法、疏导疗法和变性手术几种。患者大多依赖心理治疗，心理治疗的过程首先是让患者与医生建立良好的医患关系，有效的沟通交流后了解患者的内心苦恼，让患者感受到理解、关心和支持，同时帮助他们感知自己的身份。

认知疗法的治疗有三个过程。首先让患者意识到自己的问题，让他们接受现实，要让患者明白自己的想法是一种性心理障碍，不是一种正常的、普遍的现象。其次，要帮助他们宣泄和调整情绪。有很大一部分患者的易性癖源于压抑的内心，帮助他们释放自己的不满和负面情绪，有助于缓解易性癖的症状。释放过后，还需要调整心态，这个过程中要让他们学会在紧张时刻如何放松、保持情绪稳定，在调节情绪的时候可以设想最坏的情况，在安全的范围内体验强烈的情绪反应，在这个过程中尽力控制情绪，达到逐渐弱化的效果。最后，要帮助患者消除自卑心理，学会接纳自己。

而疏导疗法与认知疗法有些相似，主要在于弄清患者易性癖的产生原因，帮助他们接受自己的性别，提高性别意识，让他们恢复正常的性心理。

对于一些无法接受自己性别观念、改变性别观念强烈的患者只能通过变性手术的方式。而像刘婷和胡章亮进行的变性手术是风险极大的。虽然变性手术可以在一定程度上平衡患者的心理，但一些患者在手术后出现了后悔的心理，造成了很多难题，而且变性手术复杂的过程势必要求患者承受巨大的风险。因此，在易性癖的治疗过程中，手术是万不得已才会进行的治疗方式。

每种治疗方法都有各自的手段，有媒体报道称改良行为疗法在治疗男性易性癖方面效果明显，患者女性意识的发展得到了有效控制，但是目前这种说法未经证实。易性癖看起来并不是一种复杂的病症，只是一种想变换性别的病症，但实际上一旦患上易性癖，会给患者带来很多痛苦，自责、周围人的不理解、高昂的花费等都可能会成为压垮他们的最后一根稻草。易性癖容易衍生出许多其他的心理病症，如果遇到一个有点"奇怪"的人，在自我安全的前提下，不妨伸出援手，他们不是变态，只是病了。

## 5. 恋童癖：撕裂孩子心灵的人

据德国《图片报》报道，德国的一位母亲和她的伴侣多年来一直虐待和性侵犯他们十几岁的儿子，并通过无法直接搜索的网络将孩子卖给恋童癖患者。经过法庭审判，两名被告均被判处十年以上有期徒刑。新闻报道了这起事件后，德国人民和媒体对此案感到震惊，同时也纷纷质疑国家机构失职。

法庭上，人们看到了这两个对孩子施以暴行的人，一个是孩子四十七岁的母亲贝琳，她来自德国南部小镇施陶芬，另一个是她的男友三十九岁的克里斯蒂安，两个人当场承认他们对孩子进行性侵的时候，孩子只有十岁。多年来，两人一直配合切断了孩子的所有发声渠道，使他们的阴暗罪行直至2018年才被揭发。在2015年至2017年间，失业的贝琳甚至和男友利用网络将孩子"卖给"其他的恋童癖者，这些买家有来自德国的，还有来自瑞士和西班牙的，每次性侵，贝琳都会得到数千欧元的回报。

弗赖堡地区法院当场宣判，贝琳被判处十二年六个月徒刑，克里斯蒂安被判处十二年徒刑。同时被判处的还有多人，其中有一位因为恋童性侵的三十三岁西班牙人被判处十年徒刑，同时被罚款1.8万欧元。民众对这次的判处力度并不满意，他们开始质疑家庭法院和青少年管理局等机构。原来，男孩所在的学校之前就发现男孩有些不对劲，他们向青少年管理部门反映后，青少年管理部门并没有开展调查，造成了孩子在更长时间内受到侵犯。

很多人认为恋童癖仅仅是一种不健康的兴趣和个人爱好，实际上恋童癖是一种疾病。恋童癖是指以未成年人为对象获得性满足的一种病理性性偏好。恋童癖性欲指向的范围一般是青春期以前或未发育的儿童。恋童癖的概念在19世纪末的西方被提出，在20世纪70年代受到了足够的重视，目前全球对于恋童癖的态度都是强硬的。生物医学、心理学和社会学对恋童癖的形成有多种解释，其中引起广泛讨论的是心理学和社会学的说法，它们认为恋童癖者经常侵犯儿童而且经常成功，是因为他们中的许多人在经济和权力上都处于社会阶层的顶端，很少被怀疑和质问。这类"特权"阶级的性欲很容易通过成年女性满足，久而久之，他们的性欲反而更加高涨，追求一种"不平凡"的性体验，也就把目光放在了孩子身上，将魔爪伸向未成年人。根据这一说法，学者专家和法律界主张从法律和社会的角度严惩性侵儿童的犯案者，用法律保护未成年人，加大恋童癖者的犯罪难度和惩处力度。

我国刑法规定，在案件中，只要涉及儿童和儿童性行为就加大惩处力度。

恋童癖是一种慢性病，是一种精神毒瘤，更是一种社会毒瘤，不能用单一的手段根除，需要多种方法综合诊治，甚至需要利用现代科学的尖端技术。

研究表明，恋童癖者大脑中的白质比正常人少，但这并不是最为根本的原因。造成白质缺少的是X、Y染色体上出现一些基因片段的异常，如基因突变、易位、缺失等。但是目前在基因性方面的发现实在太少，生物医学研究中至今只发现了一些可能有关的特定基因，但尚未发现与恋童癖相关的明确基因。

然而通过目前的一些研究和发现，基于生物学和遗传学的考虑，可以推测这些恋童癖者的形成可能有遗传问题。因此，生物医学家们一直在这方面做出努力，但因为样本等原因，虽然有资助研究的基金，但仍然收效甚慢。但在心理学上，恋童癖多是由以下五个方面引起的。

（1）心理因素。对于孩子的喜爱，对于童年的怀念，对于弱小孩子的关心，这是人们普遍存在的心理，但当这种行为和心理超出一定限度，作为一种固执的观念存在人们的头脑中时，恋童癖就形成了，对于孩子的过分关注会控制他们的行为，引发对于孩子的性欲望，从而产生恋童癖。

（2）社会因素。有些人因为人际关系不好或工作、生活中遇到挫折而感到郁郁寡欢，继而不爱与成年人交际，但是与孩子的交往往往轻松自在，也不需要过多的思考，这开始让他们对孩子感兴趣。

还有另一种情况，一些男性恋童癖在青春期对异性有着很好的感情，但受到父母或老师的压制，导致成年后无法正常与同龄异性交流，他们回忆起童年的"恋爱"，对年轻女性有性幻想，拒绝与同龄女性接触。这种恋童癖患者，通常不会表现出暴力的行为。也有一些男性恋童癖患者在青少年时期对同龄女性有好感，甚至性幻想，但是他们却因此被同龄女性孤立，这让他们对特定年龄的异性充满了占有欲，这种情况引发的恋童癖往往会有暴力倾向。

（3）家庭因素。夫妻关系不好，家庭生活不和谐，使一些患者对成年人的性生活失去了兴趣，从而把欲望投向了孩子。

（4）性格缺陷。由于胆小、懦弱、缺乏应对危机的能力，当遇到意想不到的重大精神打击时，比如发现妻子或者丈夫有外遇，他们会出现无法勇敢地面对现实的情况，会在心理上希望回到童年，从而对孩子产生了两种情感，一种是希望获得性欲的恋人情感，一种是希望受到保护的类似母亲的情感。

（5）其他原因。有的是由于智力低下、慢性酒精中毒、残疾、年老或其他脑部疾病，接触正常成年女性的机会很小，为了满足自己的性欲，把性对象转向了孩子。

虽然医学上无法彻底弄清恋童癖的形成原因，但对于恋童癖的心理原因是可以掌握的。现在全社会已经达成了共识，恋童癖是一种病态疾病。有些国家主张对恋童癖者和性犯罪者进行化学阉割，但同时也有一些国家极力反对，化学阉割的原理是内分泌治疗，也就是减少或拮抗犯罪者体内的雄激素，让他们的性欲降低避免他们因为性欲高涨而犯罪。目前支持化学阉割，将化学阉割写入法律的国家有丹麦、德国、法国、英国、瑞士、瑞典、波兰、韩国等，但执行化学阉割要在罪犯自愿原则的基础上才可以实施。

纪录片《抓住弗里德曼一家》介绍了美国历史上最为轰动和令人震惊的猥亵儿童性犯罪案。纪录片试图通过不同的人的视角和描述来更完整地呈现这个案例，其中阿诺德和他的三个儿子坚决否认这些罪行，警察用大量证据支持这些罪行成立，被告学生指出其中有些指控有夸大的嫌疑。

《抓住弗里德曼一家》讲述了已经成家的阿诺德·弗里德曼的故事。他患有严重的恋童癖，是一个看起来木讷的计算机教师，他在自家的地下室内给孩子们上计算机课程。FBI警员在一次的调查中发现他家中有儿童情色作品，他被指控性侵儿童被逮捕入狱，最后自杀，他的小儿子也因为同样的罪行被判处十四年有期徒刑。这起案件的详情一直不被大众所了解，纪录片的最后，导演同样没有给出明确的结论，没有指出哪一方是对的，这个案子的结论是否公正也由观众决定。

目前，对恋童癖最为重视的是以英语为母语的一些国家，在其他国家都没有引起足够的重视，也没有将此当成一个社会问题，在一些发展中国家甚至对此没有足够的认识，好在中国对于恋童癖罪行的容忍度正在下降。作为成年人，我们应该更加关注未成年人的成长环境，帮助他们摆脱性侵和暴力，让这些孩子不再遭受到侵害。如果发现身边的孩子有些异常，不要怕麻烦，你的一通电话就可以救他们。

## 6. 暴露癖：越露越兴奋

2017年上映的电影《至暗时刻》是一部讲述丘吉尔的影片。丘吉尔是一位伟大的政治家。他上台后非常引人注目，他的下台也是如此。影片中除了介绍他所参与的事件外，还介绍了丘吉尔不为人知的一面，原来丘吉尔是个梅毒患者，烟酒成瘾，还是个暴露癖患者。

丘吉尔是"二战"的三大巨人之一，他带领英国人民与德国人作战，赢得了全英国人民的爱戴，但每次他在自己的办公室里工作时，都会把衣服脱光，他自己形容为"这样可能会轻松点"。不仅如此，在一些公共场合，他也喜欢暴露自己。

像丘吉尔这样，喜欢在公共场合裸露自己的身体，或者故意让人们看到自己的内裤，或是露出胸部或性器官，通过这种方式达到性快感，就是暴露癖。有一些暴露癖患者喜欢在晚间采取行动，在人不多的街道、公园或电影院附近，或是在各种交通工具上，或是站在别人家的门窗边，裸露自己的身体，甚至进行一些性行为。而有一些暴露癖患者则喜欢白天采取行动，在偏僻的角落里，当有异性靠近时，他们会突然露出性器官，令对方惊慌失措和羞愧难当。他们从对方的这种反应中获得性满足，然后迅速离开。还有一些暴露癖喜欢在与他人交流时自慰，或是在对方未发现的隐蔽处进行，或是通过电话进行，但他们一般不会对异性做出其他不正常的行为。通常情况下，暴露癖患者不会对他人进行伤害，在被人发现后会迅速撤离。

传统心理学认为，暴露癖患者多是缺乏自信的，他们很难与异性相处，通过向异性展示身体部位的方式，让对方感到害怕或被注意能够激发他们的性快感，这是一种性欲倒错。

暴露癖患者通常会出现这样的症状和行为：（1）经常将身体暴露在镜子前；（2）故意在阳台、屋顶等场所裸露自己的身体；（3）故意打开门窗暴露自己；（4）在异性经常经过或聚集的地方裸露自己。

通常我们认为暴露癖患者大部分是男性，实际上有很大一部分患者是女性，只不过人们对于女性暴露的容忍度明显高于男性。

有些女性的暴露癖体现在希望他人看到自己的欢爱场景，被人观察会让她们陷入更为兴奋的状态，暴露癖看到旁观者的震惊后会有强烈的性满足感。他们的主要兴趣在于旁观者的反应：好奇、愤怒或恐慌，以及父母的愤怒。

在宋朝的同一时期，南方有两个割据政权始终没有向宋朝臣服，一个是后蜀，一个是南汉。南汉的几位君主都有一个共同的特点——昏庸，其中刘玢不仅昏庸，还是个暴露癖。

刘玢是刘龑的三子，也是南汉王朝的第二任皇帝，连史书上都记载了他暴露成瘾。他不仅自己有暴露的倾向，还喜欢看别人裸露身体。他平时会让男女在宫里脱去衣衫，裸着身体进行歌舞表演，而他自己也穿得极少，边喝酒边看仆人们的表演。

更奇怪的是，作为皇帝，刘玢丝毫不顾及自己的身份。所有想要见他的大臣都要脱光衣服，接受太监的检查，才能去见他，不脱衣服的大臣不能见他，美其名曰为了安全。

可见刘玢患有严重的暴露癖，他不仅喜欢自己暴露，也喜欢看别人暴露。作为皇帝，他可以肆无忌惮，但像刘玢这样拥有"特权"的暴露癖患者不多见。除了通常意义上的暴露癖，随着科学的发展，演变出许多新的暴露癖行为。

通过网络视频向陌生的异性暴露自己、在电话聊天中描述自己的性器官等都是新时代的暴露癖特征，当然与爱人之间的情趣要与暴露癖症状加以区别。暴露癖患者对暴露行为有上瘾的症状，很难戒掉。目前暴露癖的治疗极为艰难，没有行之有效的治疗方案，只能通过约束让患者不暴露自己。

事实上，每个人都有被看见和记住的心理需要，我们总希望自己的外在是美好的，希望别人记住自己，这种想要获得认可的心理也是暴露癖产生的原因之一。

暴露癖大多抱有一种不同于常人的满足性欲的方式，与其他心理疾病相比，属于一种轻型的精神障碍。患者对自身产生的异常的性心理和行为有充分的认识和了解，但是却无法控制自己。正常生活时，暴露癖患者与常人无异，只有在发作时或是性欲高涨时才表现出特别的行为。大多数的暴露癖患者没有反社会行为，也有正常人的道德伦理观念，当他们通过特殊方式释放性欲后，多会出现愧疚的心态，但是仍然无法控制自己的冲动行为。

第四章　精神障碍和睡眠障碍：梦境还是现实

# 1. 癔症：逃脱边界的想象力

　　韩杰执导、王宝强主演的《Hello！树先生》于2011年上映，曾获第十四届上海国际电影节金爵奖最佳影片的提名，电影广受好评。该片颠覆性的叙事手法被评为"贾樟柯式的冷静观察和姜文式的狂放想象"，看过电影的人会明白，现实中的每个人都能在树先生身上找到影子。

　　影片一开始，树先生的社会地位就开始一路下滑。在城市化进程中，树先生逐渐失去了地位和动力，甚至连路边的小男孩也不听他的话，在小饭馆喝酒被怼也不敢回话……树先生的尊严被一次次无情地击打，直到他遇到了聋哑人小梅，他对小梅一见钟情，他以为生活开始变了，可实际上他的生活变得更糟更没有尊严了。

　　之后，树先生开始出现癔症。他看到了村民热热闹闹地在雪地里闹新娘，他将自己对于小梅的喜爱投注到想象空间中，他在雪地里跳舞，抱着新娘小梅，他也终于开心地笑了出来，他的癔症帮助他完成了自我精神的释放，满足了他作为一个正常男人的社会需要和爱情需求。

像树先生出现的这种状况就是癔症，癔症是一种由精神因素引起的个体的精神障碍，通常会显示出分离症状和转换症状两种，其中的分离是指"对过去经历与当今环境和自我身份的认知完全或部分不相符合"，转换是指"精神刺激引起的情绪反应，接着出现躯体症状，一旦躯体症状出现，情绪反应便褪色或消失，这时的躯体症状便叫作转换症状"。

癔症的发作受多方面因素影响，主要有生物学因素、心理因素和社会文化因素，其中生物学因素主要指遗传、癔症个性和器质性的躯体因素。树先生癔症的发作与他成年后在现实生活中屡屡受挫有关，他的自尊心被不断打压，在现实社会中逐渐"失声"，这是社会文化因素，与此同时，他的癔症与他的童年经历也有关，这是心理因素。

弗洛伊德曾经说过："性是开启所有心理疾病难题之门的钥匙。"树先生对小梅的爱也正是压垮他的最后一根稻草。虽然树先生在童年遭受了种种歧视和打压，长大成人后在现实社会和生活中仍然没有话语权，但是他对小梅的爱实际上是自我的一次重新塑造。

在弗洛伊德的理论里，神经病症的一个基本特征就是无法满足的真正的性需求。患者往往沉浸在某种特定事物上，被现实和幻想左右着，当特定事物出现在现实中，他们会从现实中醒过来，当特定事物出现在幻想中，他们会沉浸其中，无法自拔。在弗洛伊德的理论中，癔症患者具备八个特点。

（1）癔症是一些（创伤）印象和经历的记忆符号。

（2）癔症是通过联想来替代这些创伤经历的一种方法。

（3）癔症和其他精神产品一样，癔症的产生代表着愿望实现。

（4）癔症是利用潜意识幻想的实现来实现欲望的疾病。

（5）癔症的目的是达到性满足，表现了患者的一部分性生活。

（6）癔症是一种从孩提时代就被压抑的性满足的再现。

（7）癔症是两种对立的情绪和心理倾向的妥协产物。当一方试图表现出某种心理冲动或性本能时，另一方试图压制它。

（8）癔症可以表现出各种潜意识的非性冲动，但不能被赋予任何性意义。

法国喜剧片《臆想成病》中的主角罗曼是一名医学顾问，他四十多岁，没有家人，也没有情人，甚至连接触女性的经验都很少，这一切源于他的癔症、洁癖和女性恐惧症。迪米特尔是罗曼唯一的朋友，同时也是一位心理学家，他一直替好朋友着急，想把朋友的病看好。

为了让罗曼过上正常的生活，迪米特尔特意为罗曼设计了一整套"治疗方案"。然而，这一系列的治疗计划不仅没能让罗曼过上正常人的生活，反而闹出了许多笑话和麻烦。一天，一个叫安娜的漂亮女孩突然出现，罗曼将这视为摆脱单身的唯一机会。癔症给他带来许多困扰，这些困扰也是现实生活中常见的。

癔症患者在生活中并不少见，老年人因为精神开始衰退，更容易发生癔症。如果你想远离癔症，不妨在年轻时就开始有规律地锻炼大脑，年纪稍大时，更多地与他人沟通，以防止出现癔症。

无论年轻人还是老年人，当你开始出现以下症状时，就要警惕癔症的出现。

（1）记忆障碍。病人最初的症状表现在脑部。病人会出现短时间内记忆丧失的情况，当别人问他们在做什么或想做什么时，有时他们不能正确地回答别人，有时又会表现得正常。这种记忆障碍随着时间不断加深，他们甚至不知道自己在做什么，下一步想做什么。

（2）头痛。有些癔症病人会出现脑部疼痛的症状，这是因为大脑衰弱的过程中神经会受到挤压，有些病人会经常性的感觉有抽动性的头痛症状，主要集中在头部两侧，以及头盖骨处，甚至会遍及整个头部。这种疼痛感并不是持续性的，会在一段时间后逐渐消失。

（3）幻想。癔症患者的另一个典型的症状就是幻想，他们有时会陷入自己的幻想，天马行空地幻想各种各样的事情，晚上躺在床上还会有失眠的症状。

（4）运动障碍。癔症会导致突然性的运动功能丧失。有些老年人患上癔症后，会出现身体瘫痪、四肢无法活动、意识不清、大脑反应迟钝等症状。偶尔患者还会出现癫痫的症状，手脚抽搐，口吐白沫。

一天，医院送来一个吃错药的孩子。医生在给他检查完身体后发现，他的各项身体体征都是正常的。孩子母亲把医生拉到一边，拿出一个药瓶对医生说："这是当天在医院配的药，晚上睡觉前孩子吃了一粒，孩子突然变得不爱说话，全身发麻，还哭了很久，情绪有些异常。"

医生接过药瓶，正在看说明书时，旁边的母亲又说话了："这是大脑营养药，刚才给孩子吃了一粒就这样了。我特意看了说明书才给他吃的，上面没写有什么副作用……"医生心里有了判断，他认为孩子的反应不是药物造成的。他问孩子的父母："孩子最近有什么不开心的事吗？"

孩子父亲愣了一下，说："本来家里养了条小狗，孩子挺喜欢的，但是现在养大了不适合养在家里了，就送走了。为了这事，他闷闷不乐好几天了，今天晚上又提到这事了，就训了他几句。"

医生当即知道小孩为什么出现了很多不应该出现的症状，这很可能是小孩情绪波动后出现的癔症导致的。医生让父母和小孩交谈，还叫来了一直带着他的奶奶，这时小孩的神情才有所缓和。通过观察，医生发现，小孩虽然在父母眼里一直是优秀的学生，但是他经常表现出不安和自卑的情绪。小狗可能是他生活中最重要的伙伴，但就连小狗也被父母送走了，随即他选用伤害自己的方式来平衡这件事带来的伤害。经过其他方面的诊断，最后确诊小孩得的确实是癔症。

癔症的治疗多采用心理治疗为主，药物治疗为辅的方式。心理治疗过程中要建立良好的医患关系，建立医患间的信任，在确定无器质性的损伤后只做必需的检查。心理治疗的过程中可以采用个别心理治疗、暗示治疗、系统脱敏疗法、分析性心理治疗、家庭治疗等多种方法相结合的方式进行治疗。

药物治疗方面，目前还没有治疗分离转换性障碍的特效药物，多采用对症治疗，即出现什么症状治疗什么症状。因为癔症的发病往往是由于患者的自我心理暗示，他们的症状也并非真实的器质损伤，治疗过程中要对药量严格把握。

癔症的治疗效果相对比较好，大部分的患者可以在一年的时间内治愈，只有少数患者持续时间长，其中具有明显癔症性格特征的患者治疗过程较为艰难。癔症是一种容易复发的疾病，即便治愈，也要对自己有清晰的认识，正视自己的缺点，建立良性的人际交往，保持愉悦的心情。

## 2. 幻觉：宛如现实的梦境

《美丽心灵》是根据1994年诺贝尔奖得主约翰·纳什独特的人生经历改编的传记电影。电影的故事围绕着纳什展开，他是一个孤独的天才，也是妄想型精神分裂症患者。他的妄想型精神分裂症持续了三十多年，六十六岁时，他和另外两位博弈论学者一起获得了诺贝尔经济学奖。

观看影片的观众几乎都会被主人公纳什生活中真正的孤独感所打动。纳什的幻觉中出现了三个人物，威廉·帕彻是纳什幻想出来的美国国防部的工作人员，体现了纳什渴望成功的一面；查尔斯是纳什幻想出来的室友和朋友，是一个理解他、信任他、鼓励他的朋友，是他缓解压力的伙伴；室友的侄女也是纳什幻想出来的人物，小女孩天真烂漫的形象抚平了纳什的创伤，让他回到童年。纳什从三个幻觉人物所提供的被认可、被需要和被依赖中获得了心理补偿的满足与契合。

约翰·纳什一直经受着幻觉的折磨，幻觉是指在没有相应的客观刺激时所产生知觉体验。换言之，幻觉是一种主观体验，形成的感受与外界刺激引发的知觉很像，区别在于前者没有客观刺激。幻觉可以说是一种严重的知觉障碍。

幻觉引起的感受往往是非常逼真生动的，它可以引起愤怒、悲伤、恐慌、逃避，甚至产生攻击他人的情绪或行为反应。看到亲友出现幻觉，我们总是试图说服经历幻觉的人不要相信幻觉，这其实是徒劳的。

正常人有时也会出现幻觉，比如在似睡非睡间出现的幻觉，可以称之为入睡前幻觉，快要睡醒时产生的幻觉被称为睡醒前幻觉。幻觉也可以通过暗示产生。例如，在过去的文学作品或是纪实类作品中，一些沉溺于宗教狂热的人声称见到了"观世音菩萨"或"耶稣基督"，这并不一定具有病理意义。实际上，幻觉大多是病理性的。如果一个人出现过多次幻觉，应及时检查，以便诊断和治疗其心理障碍，防止幻觉影响下发生伤人、走失或自杀等事故。

幻觉是一种非现实的知觉体验，它包括视觉、听觉、嗅觉甚至触觉。虽然幻觉中的事情并不是真实发生的，但这种体验本身往往能让人相信，以至于有人赋予它超自然的意义，如启示录、通灵等。

1998年，在伦敦大学国王学院，研究人员对几名出现幻觉的人的大脑进行了扫描。研究人员发现，当出现幻觉时，大脑的活跃部分与经历类似真实情况时活跃的部分是一样的。例如，当他们在幻觉中看到别人的脸时，大脑中的梭状回就会被激活，而这部分大脑通常只有在人们看到现实中的真实的面孔时才会被激活。对于幻觉中出现的颜色或文字，大脑的反应也是如此。

因此，当人们产生幻觉的时候，他们确实会有一种正在经历真实事件的感受，会产生真实的情绪反应。当我们做梦的时候，我们常常知道这是一个梦，但幻觉却会让你认为这是现实中正在发生的。

在大众的认识里，幻觉是由精神疾病或服用某种致幻剂引起的，但事实上，即使是精神健康的人也可能出现幻觉。约有5%的人在一生中经历过一次或多次幻觉；六十岁后，出现幻觉的可能性会增加；很多人在将要睡着或是快睡醒的时候会产生幻觉；人们在刚刚失去亲人、极度悲伤的时候也容易产生幻觉，会看见亲人。此外，突然失去某种感官的人也容易产生幻觉。

英国的一位老妇人由于白内障导致视力急剧下降，然后她产生了幻觉，她看到一位身穿中世纪英国服装的妇女和一个来访的孩子。她这种情况的幻觉被称为"邦纳症候群"，指的是在正常人身上出现的明显而复杂的幻觉。这种幻觉的发现与18世纪的瑞士科学家查尔斯·邦纳有关，他是第一个描述这种症状的人，而他描述的案例发生在他祖父身上。

当时，他祖父因白内障双眼的视力几乎为零。一天，老人正在和他的孙女聊天，这时两个身穿红色和灰色斗篷的男人出现在他面前。他责怪家人没有告诉他这两位先生来访，但家人根本没看到来访的客人，老人这才意识到这是一种幻觉。

听力丧失也会引起幻觉。例如，一个名叫西尔维亚的患者认为她听到的歌曲来自收音机，而不是脑海中想象的旋律。西尔维亚在严重听力损失的情况下产生幻觉，刚开始她听到的声音是一些乐器的重复音符，然后就变成了一首完整的曲子。

经常爬山的人也有类似的经历。阿杰耶布是个登山爱好者，他在喜马拉雅山脉北侧的喀喇昆仑山脉徒步穿越一座冰川时，行进了几个小时后，他发现自己看到的场景丝毫没有变化。这时，他感觉脚下的大地开始倾斜，一块巨大的冰块一会儿靠近他，过了一会儿又开始远离他，这种情况在他之后的登山过程中反复发生了几次，阿杰耶布开始怀疑自己的眼睛。他去医院检查，但医生发现他的身体状况良好，他的眼睛也没有出现任何问题，一切都是他的幻觉。尽管他知道这一切是幻觉，他的眼前仍然会出现向他靠近和远离的冰块，并且持续了整整九个小时。直至他睡了一夜之后，幻觉才慢慢消失。

实际上，气味也可以让你产生幻觉。在英国，一位七十多岁的老人由于帕金森综合征而损伤了他的嗅觉神经。然而，有一天，他突然闻到了燃烧的树叶的味道。气味越来越浓，除了树叶，还有各种烧木头和洋葱的味道。最严重的时候，他还闻到了粪便的味道，呛得他流下了眼泪。

不是只有永久性的感官丧失会导致幻觉，暂时性的感官丧失也会导致健康人产生幻觉。如果你以某种方式暂时移除视觉30~40分钟，你就会产生幻觉。在德国弗赖堡精神与心理健康边缘领域研究院，心理学家瓦希曼做了一个实验，他运用技术暂时移除了志愿者的视力，志愿者在视力被移除后看到了各种奇怪的场景。一个志愿者看到了一匹跳跃的马，另一个志愿者看到了一个奇怪的人体模型。这种现象也解释了为什么飞行员在没有特征的高空中飞行容易产生幻觉，卡车司机在空旷的长路上驾驶时也很容易产生幻觉。

　　人们对幻觉是有好奇心的，如果你想体验幻听，你必须确保没有来自任何外部声源的干扰，无声屋是最好的实验场所，这里不仅隔绝了外界的声音，而且消除了内部的回声甚至电磁波的反射。目前，美国明尼苏达州奥菲尔德实验室里的无声屋是世界上最安静的地方，在那里，你甚至可以听到眼球旋转或血液流动的声音，那里正在上演着各种各样的关于声音幻觉的实验。一般人在这个安静的房间里待二十分钟就会出现幻觉。

　　消除感观会引发幻觉，这种理论起初并不被接受，直到越来越多的病例证实了这一点。这是因为大脑每秒都处于各种感观信息的轰击之下，但是大脑却不受干扰，为我们提供各种稳定的意识的涓流。当你眨眼的时候，周围的世界不会突然从你的意识中消失。当你努力工作时，你不会注意到外面汽车的嗡嗡声，也不会注意到皮带的松紧，因为大脑忽略了这些干扰。如果大脑处理它接收到的所有信息，它的工作效率将是非常低下的。因此，它会根据经验筛选出重要信息做出预测。如果预测与实际相符，信息就会跳入我们的意识；如果预测错误，就会根据实际情况加以纠正，然后传递到意识层面。

在正常情况下，预测会与现实接轨，根据实际情况来描述外部信息；一旦现实被打断，就会产生幻觉。似乎大脑不愿意忍受感观缺失，面对某些感官信息输入的中断，虽然已经失去了现实参照予以校正，但为了给意识提供稳定的信息流，大脑会继续根据经验进行预测，没有校正的预测就变成了幻觉。

相反，只要真实的信息有输入渠道，幻觉就会被抑制甚至消除。西尔维亚虽然听力严重受损，但仍能听到和识别一些声音。例如，当她听协奏曲时，幻听会被抑制，音量会降低。音乐停止后，幻听的声音会重新变大。

在无声屋里产生幻觉的原理也是如此，但还有另一种可能。因为人们在现实生活中从来没有听到过眼球旋转和血液流动这样的声音，大脑错误地认为这些声音来自外部世界。在这么安静的地方，一丁点儿声音也会变得很明显。大脑中像是已经种下了一粒种子，幻觉开始从这里生根发芽，我们通常称这种情况为"错觉"。

然而，在无声屋里，并不是每个人的情况都一样。有些人根本没有产生幻觉，有些人会意识到是大脑在作怪。如果我们能理解为什么不同的人会表现出不同的现象，我们就能帮助研究人员揭示为什么有些人容易患上与幻觉或错觉有关的精神疾病。

例如，在精神分裂症患者中，患者的感觉皮层经常处于亢奋状态，而与外界联系的能力则相对较差。因此，大脑会进行一系列的预测，但却得不到现实的修正，就直接被传输到意识层了，因此大脑会产生与现实脱节的错觉，从而出现精神分裂症症状。有些人在吸食毒品或某些药物时，这些药物会切断大脑校正的通道，也会让人产生相似的幻觉。

一个人如果产生了幻觉，一定要寻求精神专科医生的帮助，在医生指导下用药停药，注意保持身体健康和心情愉悦，减少电子产品的使用时间。科学合理的作息时间也对减少幻觉现象有所帮助。

# 3.梦魇：为什么噩梦总找我

二十多年来，兰格一直在经历一件可怕的事。兰格在睡觉的时候，总是突然醒来，感觉周围的东西清晰可见，但口鼻不通，呼吸困难，胸口好像被一块大石头压住了，她想翻身却无法移动，想喊叫却发不出声音。她好像浑身上下都被冻住了一样，完全动弹不了。

第一次发生这种情况是在中学的时候。兰格询问她的同学，她们都说自己没有过类似的感觉。她问母亲时，才知道自己产生了梦魇。母亲对她说："你那是处在噩梦中，只要你睡觉的时候不把手放在胸口，就没事了。"兰格确实有这样的习惯，喜欢睡觉时手放在身上，有时也会放在胸口，有时放在肚子上。后来，她改变了习惯，仍然没能逃脱噩梦。

在准备高考的日子里，学习压力很大。兰格每周会出现两三次梦魇的情况。梦魇发生时，她胸前总有块石头，不管她怎么挣扎都没用。她嘴里咕哝着什么，就是醒不过来，有时她妈妈看到她睡得不好会叫醒她。后来，兰格的梦魇发生得越来越频繁，几乎每晚都会发生三四次梦魇的情况。每次兰格躺下等到再次挣扎着坐起来的时候，她觉得自己好像死了一次似的，她不得不请母亲陪她睡觉，最后不得不去医院就诊。

兰格的母亲说她经常做噩梦。事实上，兰格的这种情况被称为梦魇，俗称鬼压床。梦魇是指睡梦中因恐惧而哭喊，或感觉有东西压在身上而无法动弹，它也被用来形容可怕的经历。当你突然醒来时，虽然头脑非常清晰，但肌肉神经还未苏醒，身体不受控制，这就是梦魇。梦魇的发生常常伴随着压抑感和胸闷，这种感受会使患者醒过来。有时候在睡眠中，做一些压抑惊恐的梦也会发生这种情况，这是由于疲劳、消化不良或大脑皮层过度紧张而导致的。

梦魇可以说是一种正常的心理现象，与鬼魂无关。梦魇通常在压力比较大、过度疲劳、作息不规律、失眠和焦虑的情况下比较容易发生。科学证明，梦魇是由睡眠中短暂的脑缺血引起的。人们在白天出现短暂性脑缺血时，会产生眩晕、心悸、胸闷、黑眼圈、耳鸣等症状和各种神经功能障碍，而在夜晚则表现为梦魇。

不正确的睡姿也是梦魇发生的原因之一。例如，如果你睡觉的时候，把手放在胸口上，如果恰好放在了心脏的位置上，你会在不知不觉中感到呼吸困难，形成梦魇。同时，仰睡和卧睡的姿势也容易引起梦魇。

压力太大也会导致梦魇的出现，一般每个人都会遇到梦魇的情况，这是正常情况。但是如果你经常梦魇，就要注意了，这很有可能是你的心理或精神出了问题，要寻找专业的帮助。

精神因素同样能够引发梦魇，睡觉前听紧张、兴奋的故事，看紧张刺激的电影，思虑过多都容易发生梦魇。如果用吓唬的方式哄孩子入睡，孩子也容易发生梦魇。此外，室内空气污浊、过热，被褥过厚、胸前受到压迫，晚餐过饱引起的胃部膨胀感都有可能诱发梦魇。

有些患者的梦魇源于童年的经历。人在清醒的时候，童年的心理创伤是深埋于心的，是被压抑着的，同时也是难以"倾诉"的。在睡着后，人的理智会暂时封闭，潜意识中受过的伤害则会跑出来，借助梦魇的形式表现出来。韩愈在《陪杜侍御游湘西寺独宿有题一首，因献杨常侍》一诗中有写："犹疑在波涛，怵惕成梦魇。"可见，梦魇与恐惧是深深联系在一起的，而童年经历的不幸是一个人难以忘记的恐惧，那是自己最为无助的时期。一个成年人一旦感到自己的安全没有保障，或是想起昔日某些令人恐惧和不安的事情时，很可能产生梦魇。

病理性质的梦魇是一种分离转换性障碍，容易复发。发生梦魇后及时消除病因，使患者对自身的疾病性质有正确的了解，正视自身存在的性格缺陷，改善人际关系，对于预防梦魇的复发有极大的帮助。如果患者长期在家休养或住院，家属对患者的非适应性行为经常给予迁就或不适当强化，是不利于患者摆脱梦魇的。

大多数病理性梦魇的发生与外在的生理刺激和内在的心理创伤有关。

"魇"字在许慎的《说文解字》中被解释为"魇，梦惊也"。《字苑》则释为"眠内不祥也"。《广韵》直截了当地解释为"噩梦"。这是因为我们在梦魇中经常看到非常可怕的事情，同时自己产生的感受也是负面的。初次经历梦魇，对人的冲击力是非常大的，很多人在发生梦魇时有清晰的认识，醒来后能完整叙述整个梦魇的过程，这种清楚的记忆又让人陷入当时的场景中，重复经历恐惧和焦虑。

古代有很多占梦的人，他们认为梦魇是梦者的灵魂受压迫导致的。实际上，现代医学已经完全解释清楚梦魇的产生和作用原理了，千万不要陷入迷信的骗局。

美国一个研究机构曾经调查过一些声称曾与外星人见面甚至交流的人。调查的方法是用测谎仪来检测他们是否撒谎。测谎仪排除了70%的人，超过100人通过了测谎测试。然而，研究人员在剩下的100人中发现了一个共同的特征：外星人都是在半夜造访他们的家。有人说外星人在他的卧室里游荡，然后消失了；也有人说他们被邀请到不明飞行物中，并相互交谈。

如果这些人在编故事，测谎仪为什么没有发现呢？如果他们说的是真的，为什么外星人只有在睡觉的时候才会来？研究人员相信这些人确实看到了外星人，但外星人来自他们自己的幻觉或是梦魇。

半夜，当人们发生梦魇时，会产生幻觉，会看到极其真实的外星人。他们分不清自己的状态是清醒还是睡着了，所以当事人会相信这是真的。据调查，这些人相信外星人的存在，并渴望有机会与他们接触。所谓"日有所思，夜有所梦"，他们有可能是在梦魇中看到了外星人。

梦魇是一种睡眠障碍，是可以在生活中避免的，首先要及时给自己减压，保持愉快的心情，养成良好的作息规律和习惯，防止过度疲劳和紧张。睡觉时要保持正确的睡姿，不要用被子捂着头，不要使用过高的枕头，尽量不要趴着睡觉。此外，人们应该从科学的方面理解梦魇，结束无端猜测的神鬼论，正视梦魇。如果你做了这些改变，梦魇的情况还是没有丝毫改变，那么你就该寻求医生的帮助了，让医生诊断出你的梦魇是器质性的还是心理因素造成的，再辅助药物治疗和心理疗愈，让你彻底摆脱梦魇。

# 4.嗜睡：众人皆醒我独醉

在古人中，杜牧、韩愈、王安石等名人都是嗜睡之人。王安石甚至总结了许多小睡的经验，夏天他经常用方形枕头打盹，其他人不明白为何，他解释说："枕头睡大了，易被暑气蒸热，转一个方向就会凉快些。"

明朝人在《睡丞记》中也讲述了一个关于嗜睡的故事。有一日，一个小吏前去拜访一位乡绅，在客厅里坐着等乡绅出来的工夫，靠在椅子上就睡着了。一会儿乡绅出来了，看到小吏熟睡正酣，不忍心叫醒他，就想着坐着等一会儿，他自己也不知不觉睡着了。不久小吏醒来，见乡绅陷入了熟睡，毕竟自己无礼先睡着了，不好意思打扰，就又等了一会儿，结果又睡着了。等到乡绅醒来，见客人还在睡，也继续睡。小吏醒来，睁眼一看，天已黄昏，主人还没醒，也不惊动主人，自行悄悄离开了。主人醒来，不见客人踪影，就自己进内屋接着睡觉去了。

小吏和乡绅可以说是两个嗜睡的人，在互相等待、睡着的过程中闹了笑话，甚至根本都没机会与对方交谈。

虽然小睡很常见而且无伤大雅，但像小吏和乡绅这种程度已经达到了嗜睡的状态，就已经是一种疾病的表现了。嗜睡是一种神经系统疾病，可导致非抑制性睡眠的发生。嗜睡是一种过度的白天睡眠或睡眠发作，这些睡眠症状通常发生在不恰当的时间里，如交谈、开会、吃饭、开车甚至运动时。虽然现代医学认为睡眠可以发生在任何时候，但睡眠过程通常发生在不活动或单调、重复性活动期间。

嗜睡通常发生在十五至三十岁的年龄段，但有些人嗜睡的现象出现得更早或是更晚。嗜睡的现象是难以彻底消除的，一旦出现，很可能会伴你一生。男性和女性都会出现嗜睡的情况，而且比例相当。嗜睡的第一个症状通常是在白天感到严重的睡意。然而，一个病人是否患有嗜睡症是很难诊断的，甚至可能需要几年的时间才能确诊，因为嗜睡的症状很可能由其他原因引起。目前采用的嗜睡症判断标准，要同时满足以下三点。

（1）白天出现过度睡眠或睡眠发作的症状，睡眠发作不能用睡眠时间不足来解释，患者由刚醒的状态向完全清醒状态的过渡时间延长。

（2）这种睡眠障碍每天都会发生，持续一个多月或反复发作，造成明显的困扰，影响工作或家庭生活。

（3）排除各种器质性疾病引起的日间困倦和阵发性睡眠，嗜睡的发病大多与心理因素有关。

事实上，我们每个人都会出现短暂的嗜睡情况。如果夜间睡眠不良，或是缺少睡眠时间，或是出现睡眠呼吸暂停，即睡眠时打鼾，并有呼吸间歇现象，影响了睡眠质量；长此以往，会导致人的生物钟紊乱，让人产生疲劳、困倦、头晕和精神错乱等情况，这些是早期神经衰弱的表现。

营养缺乏也容易导致嗜睡，这种情况引发的嗜睡可以在补充蛋白质后改善。此外，还有另一种表出现嗜睡的病症——发作性嗜睡。发作性嗜睡通常出现在青春期之后，主要症状是白天嗜睡，在任何时间和地点都有可能会犯困，如与客人交谈或工作时也会嗜睡。这种发作性嗜睡通常不会引起其他器质性病变。

青少年或中青年人的肥胖和超重也是导致白天过度困倦的原因。抑郁情绪同样会让人白天感到困倦，抑郁症患者白天感到困倦的概率是正常人的三倍。糖尿病患者也经常出现白天嗜睡的情况。他们出现日间嗜睡的可能性几乎是正常人的两倍。甲状腺患者由于甲状腺机能减退会导致基础代谢低，也常会出现嗜睡的现象。

在中国的历史上，有一位嗜睡的皇帝耶律璟，在他当权的二十多年的时间里，他极少上朝，大部分时间用来睡觉了。有时候大臣有急事请见他，总是被宦官用"圣上高卧龙床"的答案拒之门外，而这并不是他不想见大臣的借口。

有时候，为了国事，他不得不上朝，但是在龙椅上他仍然睡眼惺忪，一副困倦的面容，甚至听着大臣的上奏就睡着了，因此后世人们送了他一个外号"睡王"。

克服嗜睡症首先要改变自己的作息，要有规律的生活习惯。我们不能因为不困、加班、学习或是一时兴起就熬夜，应该给自己设定合理的睡眠时间，虽然刚开始可能难以入睡，或是无法在约定的时间内醒来，但是长期坚持会有助于养成良好的睡眠习惯，也就有助于克服嗜睡症。

有实验表明，春季最适合养成规律的睡眠时间，从冬日到春日，温度逐渐升高，开窗时间也有所提高，室内空气更为流通，人们的困倦情绪也有所减少，适合更改调整自己的作息时间。

其次，要增加户外运动的机会。心理疾病、精神疾病等的辅助治疗中都有运动一项，嗜睡也不例外。天气舒适的时候，让自己多去户外走走，让自己积极地参加到运动中，运动能够改善生理机能，让自身的新陈代谢加快，体内循环也随之加快，大脑含氧量也会有所提升，嗜睡的状况也随之减少。清晨让自己早点起床，晨跑、太极拳、健美操等都能振奋你的精神，让你的一天从早上的嗜睡中摆脱出来。

饮食对于嗜睡的影响同样不能小觑。现代医学研究发现人体蛋白质缺乏、体内偏酸环境和维生素摄入不足都与嗜睡有着分不开的关系。适当补充蛋白质能改善嗜睡的情况，鱼、蛋、奶、豆制品、猪肝、鸡肉、花生等都是能够补充蛋白质的食物。

在春季有"当春之时，食味宜减酸益甘，以养脾气"的说法，在春季除了补充蛋白质，还要注意多食用一些碱性食物，这样可以中和体内的酸性物质，有助于消除疲劳。尽量少食用凉、腻、粘的食物，更不要过度饮酒，最好每天补充新鲜的水果蔬菜，对于缓解嗜睡症状十分有帮助。

嗜睡的人还需要增加维生素的摄入，维生素C能够帮助制造细胞间粘连物质，帮助修复和制造新的人体细胞；B族维生素有稳定神经系统功能的作用，对消除紧张情绪大有裨益，这些维生素能够间接帮助人体克服嗜睡症。

此外，要注意三餐不要吃得太饱，吃太饱容易造成脑供血脑供糖不足，也容易让人昏昏欲睡，每餐只吃八分饱，不仅能让自己清醒、保持注意力，也能降低困倦的风险，从而克制嗜睡症状。

## 5. 失眠：每个夜晚的星星

有人嗜睡，便有人失眠。小何是一家儿童心理咨询室的负责人，她已经被失眠症折磨到精神、身体严重透支。每天依然要打满鸡血一样周旋在公司的事务、课程的安排、家庭的琐事之中。当她处理好生活和工作中的各项事务后，却开始失眠了。她失眠的毛病由来已久。

她的第一份工作是在一家韩国企业做质检员。这家韩国企业在中国设立了生产线，她在其中的工作是服装质检，发现有问题的服装需要工厂重新进行检查包装。刚开始工作的她，为了完成好自己的工作，每日加班加点，精神一直处于紧张之中，可是就算如此，她的工作还是出现了纰漏。虽然老板没有说什么，但是她很自责，继续在高强度高压力下工作，三个月后，她发现自己开始失眠了。

她每天都入睡困难，躺在床上翻来覆去就是睡不着，就算闭上眼睛也不能入睡，躺了三个小时，她还是睡不着。有时候睡着了但是还没有进入深度睡眠，就又惊醒了。她每天的睡眠时间非常少，而且还要迎接新一天的工作，每天都处于疲惫却又睡不着的挣扎中。

睡眠不足严重影响了她的日常生活，她的注意力无法集中，工作质量严重下降，同时没有食欲，经常恶心想吐，黑眼圈也大了一倍。

小何决心治好自己的失眠，她意识到自己失眠的主要原因是对工作的太过担忧，她开始重新审视自己的工作。第二天，她的失眠症就有所减轻，工作起来也较往常轻松了。

小何在工作中的紧张感，导致了她的失眠。失眠是一种常见病，主要表现为难以入睡、睡眠质量下降、睡眠时间缩短、注意力不集中、记忆力下降等。失眠症主要分为原发性失眠和继发性失眠。

原发性失眠通常缺乏明确的病因，或在排除可能的病因后仍然会出现失眠的症状，主要有心理生理性失眠、特发性失眠和主观失眠。原发性失眠的诊断缺乏具体指标，主要是一种排除其他可能的诊断。当失眠的可能原因被排除后，仍然出现失眠的症状就可以初步认定其为原发性失眠。另一种心理生理性失眠的原因可以归结为一个或某个长期事件影响了患者大脑边缘系统功能，使大脑负责管理睡眠的部分出现问题，也就形成了失眠症。

继发性失眠包括由身体疾病、精神疾病、药物滥用等引起的失眠，同样也包含睡眠呼吸障碍、睡眠运动障碍等引起的失眠。失眠症经常作为一种伴发性疾病存在，有时甚至难以断定失眠症与其他病症之间的关系，因此最近几年开始出现共病性失眠的概念，用来解释失眠与其他疾病相伴发生的现象。

每个人都经历过失眠，当你失眠的时候，你会很烦躁，越想睡着越是睡不着，长时间的失眠还会引起其他方面的症状。但有时候失眠的症状不是其他心理、环境因素引起的，而是药物引起的。许多药物中含有让人兴奋的物质，这些物质会让你的大脑处于一种兴奋状态，从而无法入睡。

还有一种情况，是我们自己造成的失眠。如今人们生活节奏快，很多人每天都在忙着工作和家务，他们的神经总是处于紧张状态，就算晚上回到家中，神经也不能完全放松，这种精神压力很容易引起失眠。

此外，睡前吃东西、睡前喝咖啡和浓茶、睡前做剧烈运动等，都会令你的大脑处于兴奋状态，也会让你无法入睡。不规律的作息，白天睡觉，晚上工作，不定时的睡眠，会让人越来越难以入睡。

失眠症不仅仅是指睡不着，睡眠质量差也是失眠症。很多人即使睡着了，一点声响就会吵醒他们。更有甚者，就算睡了很长时间，但醒来并不觉得轻松，甚至更疲惫，这也是失眠症。

在临床中，基本上所有失眠症患者都会有或多或少的身体和其他生理症状，如心悸、胸闷、胃肠不适、便秘、食欲不振和体重下降。

影视业的从业人员是失眠症的高发人群。

乔治·克鲁尼是全球知名的影星，每次节目中总是展现出他的标志性笑容，但是2012年他向媒体透露，他正在与失眠做斗争。

2012年接受《好莱坞报道》采访时，他告诉记者自己经常"难以入睡"，最多的时候一个晚上醒来五次。克鲁尼在其双胞胎出生的三个月后出版了一本书，在接受采访时，他玩笑地称自己已经解决了早期的失眠问题，那是因为他的睡眠已经被另一种东西剥夺了，那就是新生儿的父亲。

克鲁尼和他的妻子阿马尔·克鲁尼有一对双胞胎，两个小家伙永远不知道休息，克鲁尼虽然开玩笑说自己治愈了早期失眠，但显而易见他的失眠不但没有好转，反而更严重了。

与他同样受失眠症困扰的还有创作型歌手玛丽亚·凯莉。"我一直有失眠的问题，尤其是当我一直在进行或正在采访时。"玛丽亚·凯莉曾多次谈到她失眠的问题。

凯莉还透露，她在2001年被诊断为双相情感障碍，这可能是她早期失眠问题产生的原因。接受失眠治疗后，凯莉失眠的情况大幅度减少，疲倦和迟钝的现象也出现得少了。

像克鲁尼和凯莉这样严重的失眠症是需要治疗的。目前失眠症的治疗有多种手段和方法，主要是为了提高睡眠质量，从而提高生活质量，消除和降低失眠带来的其他身体上的疾病，在药物治疗的过程中要避免药物带来的负面影响。

治疗失眠的药物有很多种，但其中绝大部分不是用来治疗失眠本身的，其中一些还有可能会让人产生药物依赖，因此要尽量减少药物的使用和药物治疗的时间。目前有一种新型治疗失眠的方式，重复经颅磁刺激。这是一种在人头颅特定部位给予磁刺激的新技术，指在某一特定皮质部位给予重复刺激的过程。这种重复性的刺激可以影响刺激局部和功能相关的远隔皮层功能，从而实现皮层功能区域性重建。这种治疗方式可以与药物治疗联合起来进行，迅速阻断失眠的形成，对于产后抑郁所导致的失眠十分有效。

对于失眠症的心理行为治疗也不容忽视，心理治疗的宗旨是转变患者的信念系统，让患者自己可以发挥自我效能，从而改善失眠症状，这一过程需要医生的指导和参与。心理行为治疗对于成人原发性失眠和继发性失眠的效果良好，临床上心理行为治疗的主要方式有睡眠卫生教育、刺激控制疗法、睡眠限制疗法、认知疗法和松弛疗法，这些方法往往不是独立进行的，而是同时使用多种方法来帮助患者治疗失眠症。

在众多心理行为治疗方法中，松弛疗法和认知行为治疗是最常见的。松弛疗法可以用来缓解失眠患者常常出现的应激、紧张和焦虑情绪，很多患者在缓解上述情绪后，失眠症状会自动减轻甚至消失，因此这也是治疗失眠最常用的非药物疗法，在治疗失眠的过程中可作为独立的干预措施进行。

认知疗法主要是为了改正患者对失眠的认知偏差，让患者对睡眠问题有理性的信念和态度。失眠患者对失眠本身常常抱有恐惧态度，在睡觉前就开始紧张、担心自己会失眠，这种担心情绪又会反过来影响患者的睡眠，两者相互作用加重了患者的失眠情况，形成了恶性循环，通过认知治疗可以缓解患者的担忧。认知疗法常与刺激控制疗法和睡眠限制疗法联合使用。

　　我们知道失眠并不是很可怕，但是如果我们忽视它，长期失眠所造成的后果是非常严重的。只有有了良好的睡眠质量，人们才能精力充沛。失眠会导致健忘、肥胖和疾病。希望每个人都能有良好的睡眠质量，精神饱满地迎接明天。

# 6. 梦游：另一个我在行动

《梦游女》是著名的剧作家贝利尼最完美、最具有特色的作品，是在业界和观众中都备受瞩目的一部作品，也是极少的对梦游症做说明的作品。

《梦游女》的故事发生在19世纪初期的瑞士村落。美丽的少女阿米娜和富裕的年轻农民埃尔维诺订婚了，经营客栈的莉萨大为伤心，以致对暗恋她的阿莱西奥也不加理会。婚礼前一天，客栈来了一位名叫鲁道夫的客人。莉萨知道鲁道夫是伯爵的继承人，深夜仍到鲁道夫房间进行整理。此时，阿米娜突然梦游进来，莉萨赶快躲藏起来，鲁道夫也离开自己的房间，以免引起非议。

莉萨带着埃尔维诺与村人来到鲁道夫房间，阿米娜困惑地醒过来，很惊讶地发现未婚夫坚决要取消婚约。虽然鲁道夫解释着阿米娜的清白，埃尔维诺仍不为所动，并决定要娶莉萨为妻。鲁道夫向村人和埃尔维诺说明阿米娜得了梦游病，但没有人相信。此时，阿米娜突然又开始了梦游，大家屏息等她走到安全之所才将她唤醒，埃尔维诺也终于重新接纳了阿米娜。

阿米娜的梦游症状险些葬送了自己的婚姻，对于梦游，我们和莉萨、埃尔维诺、村民们一样，虽然有所耳闻，却知之甚少。梦游是一种在睡眠中无意识地下床活动，在活动后又回到床上继续睡觉的怪异现象。此时梦游者的行为可能很简单，也可能很复杂。有的人甚至会在梦游期间出门购物，完成一系列复杂的行为，基本上都会安全无恙地回来继续躺在床上睡觉。成年人出现梦游的症状多与患精神分裂症、神经官能症有关。第二天，询问前一夜梦游的情景，他们自己往往不知情。

古时候，人们对于梦游有诸多误解，甚至认为是鬼上身，而如今随着医疗体系的逐渐完善，人们对于梦游也有了更多的了解。目前大多数专家认为梦游是一种正常的生理现象，也被称为"睡行"，但在神经学的领域中，梦游被视为一种睡眠障碍。通常情况下，人们陷入睡眠后，大脑中的大多数细胞是处于抑制状态的，如果这时负责支配人体运动的细胞处于活跃状态，就会发生梦游的现象。引发梦游的因素主要有四种。

（1）心理社会因素。通过观察可以发现，生活不规律，同时经受巨大的心理压力的人更容易出现梦游的症状。儿童中的梦游多与父母关系、家庭关系有关，紧张的家庭关系让儿童压力过大，从而产生梦游；对成年人来说，巨大的生活压力、工作压力和家庭压力都可能成为梦游的诱因。

感动全球的影片《海蒂与爷爷》改编自同名小说，其中的主人公小海蒂就有梦游症。海蒂自幼失去双亲，一直跟着姨妈生活，后来姨妈要到外地工作就把海蒂交给爷爷照料。爷爷常年独自居住在阿尔卑斯山上，因此性格怪异，和周围的村民合不来。

海蒂来到爷爷家之后，她的纯真和率直打动了爷爷冰封的心，他给海蒂做了许多东西，椅子、雪橇等。正当两个人在阿尔卑斯山上快乐生活的时候，姨妈找来了，她把海蒂偷偷卖给了劳拉家当伴读。海蒂在新的环境中并不幸福，她时常想起和爷爷在阿尔卑斯山上的快乐生活。慢慢地，她开始梦游，用了一些办法仍然没有缓解。劳拉的父亲知道海蒂是因为想念爷爷才梦游的，派人将海蒂送了回去。回到爷爷身边后，海蒂再也没有梦游。

海蒂梦游的原因是对爷爷的思念，也就是心理社会因素造成的梦游，当海蒂回到爷爷身边时，心理压力消失了，梦游症状自然消失了。

（2）睡眠过深。人的睡眠分为入睡期、浅睡期、熟睡期、深睡期、快速动眼期几个阶段，而梦游的症状多发生在整个睡眠周期的前三分之一的阶段，也就是梦游多发生在人们熟睡时，睡前服用安眠类药物、白日的工作过于繁重、长期缺乏睡眠等都容易引发梦游的症状。

（3）遗传因素。专家们发现梦游是具有遗传倾向的，如果父母出现过梦游的症状，孩子出现梦游症状的概率会达到60%以上。

（4）发育因素。一些人的大脑皮层发育延迟会导致他们更容易出现梦游的症状。

民间流传着一种说法，如果你看到梦游的人千万不要叫醒他们，如果叫醒他们会吓到他们，会有猝死的风险。实际上，这种说法是不准确的，处于梦游状态的人是很难叫醒的，他们当时正处于深度睡眠的状态中，采取一些方式确实可以叫醒他们，突然地叫醒不会让他们猝死，而是会让他们困惑自己的状态和行为，这是一种暂时性的认知缺失。被突然叫醒的梦游者一般会出现焦躁、惊慌与迷惑等情绪，也会有发脾气的现象。我们发现梦游者后，不应该急于叫醒他们，而是应该引导他们重新回到床上睡觉。

如果家中有梦游者，我们可以通过以下方法帮助他们恢复正常的睡眠状态。

首先，要帮助他们养成正常的生活习惯，有规律的作息时间，一定要保证合理而且充足的睡眠，同时帮助他们缓解压力、放松自我，避免他们的情绪化，必要的时候可以通过助眠的食物降低梦游的发生情况。

其次，梦游者在梦游过程中多是无意识的，为了避免他们伤害到自己，要在他们睡眠的时候将家中的利器和危险品收起来，一定要紧闭门窗，避免他们出走发生意外。

最后，梦游者对自己的梦游情况往往是担心、焦虑的。为了缓解他们的情绪，平日里我们要尽量少提及有关梦游的事，减少他们的心理压力。目前，普遍认为梦游是一种正常的生理现象，不需要太过紧张，一般是可以通过调节避免的。

如果梦游不是由于脑器质性变引起的，是不需要治疗的。如果梦游的症状过多，则可以通过镇静剂缓解。另外，负面的情绪，诸如恐惧、焦虑等会加重梦游的情况，若想改善梦游的情况，一定要保持舒畅的心情。

通常情况下，梦游症是无害的，也是容易治愈的。但是历史上曾发生过两起梦游杀人事件，让人意识到梦游症可能会带来的严重问题。

18世纪50年代末，在一间老旧屋子里，美国人阿里伯特突然起身杀害了身边的情妇，因为梦游症，他被判免罪。20世纪90年代，一日凌晨，一名加拿大男子突然坐了起来，他虽然没有醒来，但行为动作没有丝毫问题。他拿起车钥匙，开车到30多公里外的岳母家，对岳父岳母施以暴行，最终导致一人直接死亡，另一人抢救无效死亡。在警察的不断搜证和求证的过程中，终于证实他的行为都是在梦游中发生的，最终被判免罪释放。

新闻报道出来后，人们才意识到梦游症也是有危害的。如果你的身边有梦游者，一定要保护好自己，在确定不危险的情况下帮助他们自我调节。但是当梦游的症状无法缓解，已经十分危险的时候，一定要寻求医生和警方的帮助。目前针对梦游症的治疗，主要采取心理治疗和药物治疗。其中心理治疗多采用厌恶疗法和精神宣泄法。

从前有一个梦游者深受梦游困扰，他问马克·吐温如何能治好自己。马克·吐温对他说，只要在他的床边洒满图钉，他自然就不会梦游了。虽然马克·吐温的回答充满戏谑，但目前我们采用的厌恶疗法与马克·吐温所说的方式异曲同工。厌恶疗法是一种最为直接的打破梦游者行为模式的方法，让梦游者下意识减少梦游情况。厌恶疗法最主要的是要在他们梦游时唤醒梦游者，让他们停止梦游的行为，但这种方法具有一定的危险性，一定要在医生的指导下进行。

精神宣泄法实际上就是医生指导下进行的情绪宣泄，与前面提到的释放压力极为相似。

梦游症具有长久的历史，其中大多数是无害的，也有一小部分是十分危险的，面对梦游者我们首先要确定自己的安全，在力所能及之下帮助他们重新睡个好觉、做个好梦。

第五章 "瘾"君子——我high故我在

# 1. 烟草依赖：抽的不是烟，是习惯

鲁迅是我国近现代著名的作家，他的文学作品对后世影响巨大。鲁迅除了文章写得好，他的烟瘾也非常大。鲁迅究竟是从什么时候开始抽烟的已经无法考证，但是一直到他去世，也没有改掉抽烟的嗜好。

鲁迅在杭州师范教书时，就已经对香烟上瘾了，每天抽十多支烟。鲁迅并不太在意香烟的牌子，只选便宜的来抽。他之所以不买昂贵的香烟，是因为他对香烟越来越上瘾，最多的时候甚至每天抽五十支，买太贵的已经消费不起了。

鲁迅并不是不知道香烟对身体的危害，他也曾想要戒掉香烟。这一点可以在鲁迅给许广平的信中得到证实："不知怎的，我于这点上，不知为何自制力竟如此薄弱，总戒不掉。但愿明年有人管束，得渐渐矫正。"

吸烟严重影响了鲁迅的健康。他的妻子许广平建议他少抽点，他把香烟的数量减少到每天三十支，虽然听起来像是个笑话，但这已经是他减少后的量了。或许是因为抽烟抽得太多，1936年，鲁迅因肺结核住院治疗，医生和护士都劝他把烟戒掉，但是他已经抽了太多年烟了，没办法一下子戒掉，只减少到每天十五支。

像鲁迅这种每日吸食大量香烟，无法戒烟的现象是一种烟草依赖。烟草依赖是一种慢性而且复发性高的疾病，其本质是尼古丁依赖，尼古丁是香烟、雪茄和无烟烟草中的主要物质，吸烟也就成了一种快速将尼古丁摄入体内的方法。世界卫生组织已将烟草依赖列入国际疾病分类中，并确认烟草是目前人类健康的最大威胁。

吸烟者对尼古丁产生依赖后，会表现出身体的耐受性和戒断症状，行为也会失去控制。

（1）耐受性增强。大多数吸烟者第一次吸烟时，并不会喜欢，甚至会讨厌烟草的味道，所以在刚开始吸烟的一段时间内，他们抽得并不多。但随着烟龄的增长，吸烟量也会跟着增加，甚至会出现像鲁迅一样每天吸烟高达几十支的现象。

（2）戒断症状。戒烟后，体内尼古丁水平会出现滑坡式的下降。戒断症状通常在停烟后的第一天出现，包括焦虑、抑郁、渴求、不安、头痛、注意力不集中、睡眠障碍、血压升高和心率加快，有些患者甚至还会出现体重增加的情况。通过观察可以发现，戒断症状在戒烟后的14天内表现得最为严重，约一个月后开始明显减弱，但部分患者在特定环境下仍然会对烟草产生极大的渴求，这种情况会持续一年以上。

（3）行为失控。大多数烟草依赖患者虽然知道吸烟的危害，也愿意戒烟或控制吸烟量，但往往缺乏自制力，多次戒烟都以失败告终。有些吸烟者即使患有与吸烟有关的疾病，也无法控制自己，不能完全戒烟。烟草依赖是一种不容小觑的慢性疾病，大多数吸烟者戒烟后出现了复吸的现象。仅凭意志力戒烟的吸烟者中，只有不足3%的人可以保持一年的禁烟状态。国外研究发现，吸烟者在完全戒烟成功之前通常会有6~9次的戒烟行为以失败告终。

烟草依赖是一种无形的、长期的危害，对烟草的依赖和好感甚至根植于人们的观念中。吸烟成瘾不是一种行为习惯，而是一种慢性疾病，需要反复干预才有可能实现戒烟。目前，最有效的治疗方法有短期咨询、药物治疗、戒烟咨询、戒烟热线等，这些方法可显著提高戒烟率。

吸烟的习惯不是最近几十年形成的，烟草成瘾由来已久，历史上的许多名人都有烟草成瘾的症状，甚至有些人会将自己的成功归功于烟草。

英国首相温斯顿·丘吉尔从不抽香烟，但是对雪茄十分着迷。他那张著名的对着镜头咆哮的照片中，手里就拿着一支雪茄。有人开玩笑说在第二次世界大战中，他是用雪茄打败了德国人。美国著名作家海明威，世界公认的硬汉，他喜欢西班牙的斗牛、非洲的狮子和战场上的金戈铁马。而晚年，他的兴趣发生了转变，他开始热爱古巴海滩和雪茄，也正是此时写下了不朽的名著《老人与海》。

清代的纪晓岚是一个烟枪不离手的人，被人称作"纪大烟袋"，他常跟人说他编纂的《四库全书》没有烟就成不了。民国时期的著名诗人朱湘也是一个嗜烟如命的人，即使到了需要当衣服维持生计的情况，每天还要抽五十支烟。名人况且如此，普通人更是数不胜数。中国一直是烟草大国，有目前世界上人数最多的吸烟者。

2008年5月，在参考了8000多份文献的基础上，美国公共卫生署发布了新版《烟草使用和依赖治疗临床实践指南》。该指南推荐了七种一线临床戒烟药物，可有效提高戒烟的长期效果，其中包括五种作为尼古丁替代疗法的戒烟药物（尼古丁口香糖、尼古丁吸入剂、尼古丁口含片、尼古丁鼻喷雾剂和尼古丁贴片）和两种非尼古丁的戒烟药（酒石酸伐尼克兰片和盐酸安非他酮）。指南中还推荐了两种二线戒烟药物：可乐定和去甲替林，但是因为种种原因这两种药物在临床上很少使用。目前，我国一线戒烟药物有尼古丁贴片、尼古丁口香糖、酒石酸伐尼克兰片和盐酸安非他酮。

人类为何对烟草如此执迷？对于这种烟草"上瘾"的状况，科学家给出的答案比人们想象的要简单得多，这一切源于大脑中一种叫作多巴胺的物质。多巴胺和血清素一样，是一种神经递质，它将信息从大脑的一个部位传递到另一个部位。血清素与悲伤和抑郁有关，而多巴胺则与兴奋和快乐密切相关。有时候一个拥抱、一个吻、一句赞美，甚至赢得一场扑克牌都会导致多巴胺分泌增加，这种强烈的兴奋感起到了和药物一样的作用，这让科学家们相信多巴胺不仅是一种传递兴奋的化学物质，也是烟草成瘾的"罪魁祸首"。

许多吸烟者在遭受烟草带来的伤害后终于醒了过来。

恩格斯年轻时就养成了抽烟的习惯。在晚年，恩格斯亲身感受到了长期大量吸烟给身体带来的损害。为了恢复健康，他几乎完全戒烟。他多次对朋友们说："我必须戒烟，因为吸烟对神经不好，只需很小的努力就可以做到。现在我两三天抽不了一支烟。"李大钊戒烟的原因与恩格斯相似，由于长期伏案工作，加上大量吸烟，严重损害了他的身体健康。为了理想和事业，为了崇高的精神追求，李大钊最终赶走了烟瘾。

与他们一同迈向戒烟大军的还有里根和戴高乐总统。从1985年起，里根总统就下定决心戒掉世人皆知的烟瘾。他还签署了一项法案，要求在烟盒上的广告中对吸烟的危险性提出警告，并呼吁所有美国人在2000年前努力建设一个"无人吸烟"的社会。

法国总统戴高乐将军也是著名的"戒烟将军"。1947年11月28日，戴高乐将军在公众场合宣布戒烟，这是他为纪念他的战友勒克莱将军做出的决定。他真正意识到，为了法国，他必须照顾好自己的身体。当有人问他成功戒烟的"秘诀"时，戴高乐的回答永远只有三个字："不妥协！"

这些大名鼎鼎的人物都已经戒烟了，你还有什么理由不开始呢？

## 2. 酒精依赖：劝自己更进一杯酒

郁达夫是民国时期著名的作家和诗人，但他还有另一身份——"酒徒"。他的日记里记录了许多自己饮酒的故事，经常"喝酒三坛大醉"。他喝酒不分场合，随时随地，只要看到了酒就要尝一口。他曾在福建省政府工作，每天上班都会放两瓶米酒在办公桌上，一边工作一边喝酒。他的爱酒喜酒，更像是一种只属于郁达夫的诗人浪漫。1933年，郁达夫给鲁迅写了一首诗，其中两句写道："醉眼朦胧上酒楼，彷徨呐喊两悠悠。"

著名军事家蒋百里以步兵师第一名的成绩毕业于日本军士官学校，在日本引起轰动。不幸的是，由于当时中国军队内部的黑暗，他满腔豪情壮志，却无用武之地。这位本该拿着枪的军事奇才当了一辈子幕僚。在那段时间，蒋百里把他的抱负都投入到酒上面了。有一次，冯玉祥看到他喝得过多，劝他少喝一点，但他举起酒杯一饮而尽，随后说道："死都不怕，还怕酒吗？"

1938年10月4日，被临时任命为陆军大学校长的蒋百里，在去陆军大学的路上死于心脏病，享年五十六岁。当时他的心脏病并不严重，他的猝死很可能与常年酗酒有关。小酌怡情，过多的酒精只会损害我们的身体。酒精是一种麻醉剂，一次大量饮酒容易出现急性精神症状。长期饮酒的人可能出现酒精依赖、酒精性精神障碍，甚至出现不可逆转的神经系统损害。

酒精依赖是指人们对酒精的渴求，酒精依赖在早期没有明显的身体症状，病情严重后，患者害怕出现戒断症状，反而表现出更强烈的酒精渴求，导致无法控制的酒精摄入，最后形成酒精成瘾。酒精依赖患者在停止饮酒七八个小时后，会出现震颤症状，这是一种典型的戒断症状，震颤症状会随着患者的情绪激动而加剧。有些患者在停止饮酒一段时间后还会出现恶心、呕吐、食欲不振的现象。

饮酒过量很容易出现急性酒精中毒的现象，这是大量饮酒后的反应。患者会出现情绪激动、健谈、精力充沛、运动障碍、震颤等症状，这些症状会随着酒醒而消失。长期饮酒者会出现慢性酒精中毒的现象，同时伴有幻听、妄想、震颤、人格衰退等精神障碍，严重的还会出现痴呆等症状。反复大量饮酒还会诱发严重的抑郁症。

酒精依赖的危害没有冲刷掉现代人对酒的热情，其实在古代饮酒之风也同样受欢迎，甚至出现了很多豪饮误事的故事。东吴末代皇帝孙皓是孙权的孙子，此人无酒不欢，整天沉溺于酒和宴会，还要大臣们喝醉了才可以离开。在《三国志》中有这样的记叙："每飨宴，无不尽日，坐席无能否率以七升为限。"这描述的就是孙皓宴会群臣的场景，不管这些大臣酒量有多大，不喝够七升不可以离开，足以看出孙皓对于酒的狂热。结果，许多大臣因为酒量较小而被杀。大臣中只有韦曜逃过一劫，他被特许可以"以茶代酒"。这也是"以茶代酒"的典故的由来。

同样爱酒的还有陶渊明。他弃官后隐居在庐山脚下，每天自娱自乐过着悠闲的田园生活。此时，他新娶了夫人翟氏，翟氏把庄稼侍弄得十分好，年年丰收，陶渊明便用这些丰收的粮食酿酒。闲暇之余，他便和一帮朋友到庐山南麓虎爪崖下饮酒作乐。悬崖下有一条溪流，名叫醒泉，溪流中有一块巨大的黑褐色花岗岩，表面十分光滑，陶渊明和他的朋友们把这块石头当成了酒桌，每天在这里喝酒写诗取乐。陶渊明每次喝酒都喝得大醉，喝醉之后便写诗作文。醉倒之后，他便躺在石头上，久而久之这块石头的中间竟然凹了下去，留下了枕痕。于是，这块石头就被命名为"醉石"。

陶渊明一生都喜酒，喝酒也并没有给他带来什么问题，这与古代酒中酒精含量少有一定关系。但对于现代社会的我们，酒精的危害已经远远超越古代，酒精成瘾已经成为一个急需解决的社会问题。如今人们已经逐渐意识到了酒精的危害，但却难于戒酒。

戒酒实际上就是酒精成瘾的治疗过程，对于酒精成瘾的治疗需要从多方面入手，可以从改善震颤、惊厥、焦虑等症状着手。首先，患有酒精依赖的人往往因为长期饮酒的问题出现营养不良的状况，需要补充维生素来提高他们的身体素质。同时，医生和家属需要尽快帮助患者调整心理，让他们积极配合治疗。长期饮酒的患者已经发展为一种成瘾性脑病，单纯的心理疏导不能从根本上解决问题，外科手术是一种新型的治疗方式，必要时可以采取。

孔融让梨的故事大家都知道，但孔融酗酒的事知之者甚少。汉朝前，喝酒是没有限令的，直到刘邦开国后，萧何开始立法禁酒，对酒才有了限制。

曹操一直担忧粮草问题，每次粮草紧张了，他都会发布禁酒令，节省粮食。不管普通人此时多么想喝酒，他们都要克制自己。不过，孔融不一样，他直接上书给曹操，希望曹操不要限制自己饮酒。孔融的文笔了得，竟然说动了曹操。孔融不仅自己喝酒，还喜欢聚众喝酒，他经常感叹："如果每天有人来陪我喝酒，我就不会心烦了。"

整天醉醺醺的孔融当然没有办法治理好州郡，更何况孔融喝酒后还喜欢乱说话。曹操打下邺城后，转而就把甄氏赏给儿子曹丕。孔融有一次喝醉了，说以前我一直不知道武王灭纣之后是如何处理妲己的，今天我算是明白了，原来他把妲己赐给了儿子周公了啊。这件事传到了曹操耳朵里，激怒了曹操，孔融全家因此而死。孔融死的时候感叹说："言多令事败啊。"他的饮酒不仅害了自己，还害了全家人的性命。

孔融这种喝酒误事的情况不只存在于古代，现代的酒驾也属于喝酒误事。调查显示，我国每年因酒后驾驶导致的交通事故高达数万起，酒后驾驶已经成了交通事故的第一大杀手。但是人们不能因此对酒产生片面的误解，酒在一定程度上也对健康有益，少量饮酒能够调节心情，让身体和思维处于活跃状态。但要注意，饮酒后，酒精在通过肝脏分解时需要多种酶和维生素的参与，酒的酒精度越高，体内消耗的酶和维生素就越多，所以需要及时补充。新鲜蔬菜、新鲜鱼、瘦肉、豆类、鸡蛋等可作为下酒菜补充维生素。但咸鱼、香肠、培根等含有色素和亚硝酸盐的食品，会与酒精发生反应，不仅会损伤肝脏，还会损伤口腔和食道黏膜，不可食用过多。还要注意，一定要吃过东西再喝酒，有些人只喝酒不吃东西，容易得肝脏方面的疾病。

酒精成瘾是一种疾病，但适当饮酒有益健康，千万不要因噎废食。适度饮酒，但不要让自己成瘾才是正确的饮酒之道。

# 3. 药物依赖：是良方还是毒药

《地平线系列·药物依赖》是英国广播公司2010年发行的一部纪录片，通过采访药物服用者、药物依赖者、药物实验者、药物研发者等，向人们展示了在使用药物时人们所忽略的东西。

在纪录片的开头，播放了一段小男孩躁动不安的视频。然后小男孩的母亲告诉我们，这个男孩患有多动症。多动症的主要表现是注意力不集中、活动过度等，这些症状使男孩无法像同龄的正常儿童一样生活和学习。

之后，镜头一晃，我们看到了几年后的男孩。采访中，这个患有多动症的男孩的表现和普通男孩没有什么不同，他表示，此时他的内心很平静。这种变化是因为男孩使用了一种叫作利他林的药物，它能使多动症患者集中注意力，减少多动症带来的痛苦。这种药并不是专门用来治疗多动症的，而是一种用于治疗特定疾病的药物。用来治疗多动症这种新的药用途径让人们开始思考关于药物的更多可能性，也让人产生疑问，该药是否会对正常人产生什么效果呢？

一些专家学者通过实验后得出结论，使用利他林后，普通人也可以提高注意力，获得更高的理解力。因为这一点，利他林成为孩子们的灵丹妙药。一些学生会用利他林来度过期末复习的紧张时期，教授也会用利他林来集中精力进行学术研究。

这种特殊用途的利他林今天仍然存在。一些服用过利他林的普通人对利他林的药效持肯定态度，他们认为利他林激发了他们的潜能，提高了他们的能力。但同时也产生了另一个问题，一部分人利用利他林考试是否是一种作弊行为，会不会让竞争变得不公平？

接下来，人们还有一个问题：所有服用药物的人真的需要这种药物吗？在接下来的采访中，问题的答案呼之欲出。很多人服用药物并不是因为他们真的需要治疗，而是因为他们从药物中得到的快乐。

药物依赖一旦形成，就很难戒掉。普通生活中最常见的上瘾行为是酗酒和吸烟。尼古丁和酒精是烟酒的主要成分，它们都能刺激神经中枢，让人获得愉悦的感觉，而通过药物也能获得类似的感受，近几年药物依赖已经成为一种新型的上瘾行为。

纪录片中还提到了滥用抗生素的现象，抗生素的出现使人类的寿命延长了十年。基本上，每个人一生中需要使用抗生素60次以上。抗生素在对抗细菌性疾病方面的突出表现是人们容易滥用抗生素的主要原因，但由于细菌会产生耐药性，滥用抗生素是非常危险的，会使我们更容易受到细菌的侵害。

据新华社2016年发布的新闻来看，中国是世界上滥用抗生素最多的国家，中国使用抗生素的比例占世界总消费量的50%。除了医用，我国在农业上也使用了大量的抗生素。用于农业的抗生素往往会残留在各种农作物上，最终进入人的身体里。我们无法想象，如果将来有一天人类失去了抗生素，有多少疾病会卷土重来。为了避免这种情况，我们需要减少抗生素的滥用，只有在必要时才使用，防止人类最终走向悲剧。

无论哪种药都有副作用，一位医生说："如果一种药没有副作用，基本上不会有任何效果。药物和毒品的区别只是剂量上的不同。"这句话让人想起了一部改编自真实事件的美国电影《达拉斯买家俱乐部》。

在电影中，主人公罗恩患有艾滋病，并且被告知只剩下三十天的生命。他所服用的药物齐多夫定是当时唯一被批准上市的抗艾滋病药物，但是这种药物有严重的副作用，让他的病情恶化得更快。最后，罗恩用较低剂量的替代药物将自己的生命延长了两千五百五十七天，比医生最初诊断的最多三十天延长了两千五百二十七天，使他能够多活七年的时间。

在影片中，主人公的主治医生看到他使用了低剂量的药物并且存活了很长时间后，积极建议减少其他病人的剂量。许多药物的副作用只有在使用后才能检测出来。虽然进行了大量的临床实践和检测，但由于地区、患者自身等各种不确定因素，目前药物的副作用无法完全避免。当人们尝试一些新药时，他们不知道会发生什么，他们不知道这些药物本身是否有用，也不知道它们是否会产生可怕的副作用。

药物依赖是一种认知、行为和生理症候群，尽管使用者明白使用这些上瘾物质会带来很多问题，但他们无法控制自己，仍会继续使用。药物滥用不是单纯的个体问题，而是社会、心理和生物因素相互作用的结果。药物本身和它们的药理特征是药物滥用和依赖的必要条件，但能否发展成为上瘾行为，还与个体的人格特征和生物易感性有关。社会文化因素在药物滥用和依赖中起着诱因作用。

世界卫生组织将药物依赖分为精神依赖和躯体依赖。任何能引起愉快意识状态的药物都能引起精神依赖。为了获得这种快感，精神依赖者必须定期或持续使用某些药物。躯体依赖也称为生理依赖，躯体依赖者反复使用某种药物以创造一种自身舒适的状态，停药后，他们会出现戒断症状，有的会引发疼痛甚至危及生命。

在反复使用阿片类药物和催眠药的过程中，首先显现的是精神依赖，之后是躯体依赖。可卡因、安非他明等中枢兴奋剂主要引起的是精神依赖，但大剂量的可卡因、安非他明也可引起躯体依赖。

正确使用药物和形成药物依赖之间有明确的界限。

（1）心理依赖性。成瘾者有持续或周期性的欲望去体验药物的心理特点，这种欲望如果占上风，为了得到药，他们会不惜一切手段，所有能产生依赖的药物都能令患者出现心理依赖的症状。

（2）生理依赖性。成瘾者必须持续使用药物以避免戒断症状的现象就是生理依赖性。戒断症状的强度因人而异，包括各种不适和身体症状。不适感往往与心理依赖的渴求重叠。生理依赖性会产生身体上的反应，有可能产生非常严重的后果，甚至导致死亡，但并不是所有能产生依赖性的药物都会产生生理依赖性。

（3）对不同程度药物的耐受性。用量越多，耐受性越强。然而，一些药物的耐受性并不明显。

（4）药物依赖类型。药物成瘾患者可以同时依赖一种或多种药物，也可以同时依赖烟酒。

（5）药物依赖的后果。由于长期依赖药物，依赖药物的人会脱离正常的生活轨道，给自己、家庭和社会带来不良后果。

药物依赖形成之后，症状较轻的患者不吃这种药物就会觉得非常难受，浑身不舒服，吃过药后，才会感到解脱和舒服。如果出现这种状况，应该及时采取措施，逐步摆脱药物依赖。

（1）患者应先了解自身情况，意识到药物滥用对自身的危害，积极配合医生进行治疗。

（2）逐渐减少依赖性药物的用量。原则是"逐步"减少剂量，不要明显减少剂量或完全停止使用，这样身体才能逐渐适应。否则，由于身体无法忍受，就会出现戒断症状，容易导致更大的风险。

（3）也可以暂时用非依赖性或较少依赖性的药物替代，以减轻因减少依赖性药物用量而引起的适应不良症状。

（4）依赖关系解除后，要巩固自己的观念。各种精神障碍和神经症患者，对于自己的焦虑或失眠等症状，不能盲目追求药物，要尽量消除病因，进行心理疏导，学会调节自己的生活，加强体育锻炼，千万不要再服用依赖性药物。

（5）那些有严重依赖药物的人会千方百计地偷盗、骗取药物，甚至高价买药。他们会欺骗家人，失去责任感和主动性，自己很难放弃。此时，应该在医生的诊断下进行住院治疗，争取早日摆脱药物依赖。

（6）要避免药物依赖，首先要知道哪些药物会导致上瘾，并在开始时就加以控制；其次，在出现药物依赖后，最好去专门的医院治疗；此外，生病之后要及时去看医生，在医生的指导下进行药物治疗，不要自己乱用药物。

药是每个人都会遇到、用到的东西，看起来温顺的药物，也可能变成洪水猛兽，而拉住缰绳的人就是你自己，合理用药原则是每个人都该具有的卫生医药知识。

## 4. 网瘾：屏幕里的怪物

《钱江晚报》有一期的标题令人万分震惊——《妈妈，我让网吧给害了！》这篇报道讲述了浙江省某市一名十六岁的男孩因迷恋网络而无法自拔的故事，他自己感到痛苦万分，曾自杀六次，他的母亲看着儿子的样子心痛欲绝却又不知该怎么办。

小张是一名高中一年级的学生，由于迷恋上了网络，学习成绩一落千丈，不断地旷课、逃学，在戒除网瘾的过程中他患上了精神分裂症，被送到精神病院治疗。经过二十多天的治疗，小张的病情有所好转。据学校介绍，2002年小张从初中升到高中，但是他的心思不在学习上，经常旷课逃课。后来学校才知道，小张逃课是去玩网络游戏。

2003年，小张因为学习成绩不好，不得不降级。然而，被降级后，小张仍然沉迷于网络游戏，还和从前一样经常旷课和逃课。为此，学校多次对小张进行教育，多次通知家长配合教育，小张也写过多次保证书，但还是无法戒除网瘾。

2004年开学后，小张上了几节课后就没有再来上学。6月中旬，小张的父亲来到学校，要求退还注册费和寄宿费，学校这才知道小张出现了精神方面的问题。小张的主治医生张医生指出小张患有精神分裂症，主要原因是他沉迷于网络，导致他的学习成绩下降，从而形成巨大的心理压力。

随着科学技术的发展，每家一台电脑已经是普遍现象。网民数量每天都在增加，这也滋生出一种新的心理疾病——网络心理障碍，也就是俗称的网瘾成疾。

"网瘾"一词最早是由美国精神病医生伊万·戈登伯格提出的，他是为了取笑《美国精神病诊断手册》中将酒精成瘾和赌博成瘾等"行为障碍"列为疾病，才提出的"网瘾"。他参照赌博成瘾的定义，发明了"手指会自觉或不自觉地做出敲击键盘的动作"等七项诊断标准，声称自己发现了"网瘾"这种精神疾病。戈登伯格对网络成瘾的定义被媒体广泛报道后，网络成瘾是否应该被归类为一种精神障碍一直存在争议。

1995年以来，美国精神病学界对"网络成瘾"进行了大量的学术研究。但最早提出网瘾诊断标准的美国心理学家金伯利·杨认为，网瘾不是一种独立的精神疾病，而是已知的"冲动控制障碍"在网民身上的体现，即与电视成瘾、空调成瘾等一样，它只是一种长期接触电脑导致的心理上的习惯性依赖，这可以归类为心理问题，但它绝不能被称为疾病。

虽然"网络成瘾"的医学定义一直未有公论，但是我们必须正视现实中的网络成瘾问题。由于缺乏社会沟通和人际交往，患者将网络中的虚拟世界视为自己的现实生活，脱离了社会生活，与他人没有共同语言，这是网瘾人士的普遍写照。因为孤独的生存状况，他们会产生孤独、情绪低落、思维迟缓、自我评价低等多种情绪和表现，严重者甚至有自杀倾向和行为。

据统计，我国5%~10%的网民存在网络依赖倾向，其中约7%的青少年存在网络依赖倾向。与西方发达国家相比，我国中学生上网人数更多，时间也更长，中学生平均每周使用时间为8.98小时，在假期时甚至长达21小时。大部分专家学者认为，网络成瘾是一种与酗酒、赌博一样有害的心理疾病，其对人的危害不容忽视。

在现实社会中，网络成瘾已成为一个日益严重的社会问题。许多网瘾者已经不能正常的生活，有些网瘾者每天起床都感到莫名其妙地情绪低落、恶心干呕、思维迟钝、毫无食欲，还有一些更加严重的患者，一旦停止上网，就会出现急性戒断综合征，甚至出现自残或自杀的行为。科学研究发现，长期上网会增加大脑中多巴胺的含量，这种物质会让人在短时间内非常兴奋，但在此之后就会让人更加消极和颓废。据统计，网瘾患者的年龄大多在十五至四十五岁之间，其中男性占98%，二十至三十岁单身男性是网瘾多发人群。

网络成瘾还会严重影响员工的工作效率。一项针对美国1000家公司的调查结果显示，超过55%的管理者认为，许多员工会把工作时间花在与工作无关的网络活动上。纽约一家公司秘密统计了员工在

变态人格心理学

工作时间的在线活动，发现只有23%的员工所做的事情与工作有关。事实上，由于工作时间上网而被解雇的员工数量每天都在增加。

越来越多的网瘾者因为网瘾导致家庭破裂。在过去的三年里，匹兹堡大学的心理学教授金伯利·杨亲自采访了数百名网瘾者。她发现一个沉迷于网络的丈夫每天花在电脑上的时间远远多于和他的妻子在一起的时间。更可怕的是，他爱上了自己的网络情人，打算带着电脑和妻子离婚。

目前，网络成瘾已经成为危害人类的一大难题。很多人被困在网络的虚拟世界里，他们在网络中得到的快乐越多，就会因为现实落差产生更大的空虚、寂寞和难过，这两种极端情绪让他们感到非常痛苦。因此，如何戒除网络成瘾已成为全社会的热门话题。

网瘾不会凭空出现，其形成原因是多方面的，可以概括为外部原因和内部原因。外因主要是指社会环境和家庭教育的影响，内因主要是指一个人满足感缺失、生理及人格方面的因素。首先是社会环境方面的影响，包括网吧的出现、网络的普及等影响，随着现代高科技的出现和发展，网络已经逐渐走进我们的生活，我们不可避免会与网络打交道，也就增加了潜在的网络成瘾的可能。除了满足我们正常的工作、学习、交流外，人类还开发了各种各样的网络娱乐项目，比如网络游戏、网络电影和社交软件，吸引着越来越多人的目光。

对于青少年来说，只要打开电脑，就能找到满足他们各方面心理需求的产品，这种吸引力让他们很难远离网络。很多成年人也会有网瘾，同时会影响到他们的孩子，所以青少年的网瘾与社会环境有着密切的关系。

《孩子，回家吧》是一部真实故事改编的电影。影片一开始，地铁上、公交车上和校园里，每个人都在低着头玩手机，导演以直观的方式反映了当今社会一个严重的问题，即网络给人们带来的危害。与其他同类电影相比，这部电影不仅从总体上阐述了网络时代给人们带来的毒害和弊端，而且以其中一个家庭为例，详细论述了网络游戏进入家庭后，给人们带来严重的身心伤害。

电影的主角李新光是一名十七岁的中学生。从小到大，他成绩稳定，从来没让父母操心过他的学习，但是这一切终止在他沉迷于网络游戏的那一天。自从沉迷于网络之后，他整天都在网吧里"游戏人生"，沉浸在游戏的世界里不可自拔。过去那个对生活和梦想充满了向往的孩子不见了，取而代之的是一个没有温度的游戏达人，他每天与电脑亲密无间，形影不离，学业就此荒废了。

他的父母为了让他戒掉网瘾，想出了各种招数，打骂没有用，讲道理也没有用，想把孩子送到戒网瘾中心却又怕孩子受到不人道待遇。思前想后，父母决定将他送去一所全封闭管理式的学校，希望远离网络的他能恢复正常。可惜新光在学校里迅速结识了几个坏孩子，这些坏孩子带着新光逃课，他再次驰骋在游戏的战场上。

看着原本积极向上、朝气蓬勃的儿子在网络游戏的毒害下，变得越来越颓废，越来越难以沟通，甚至与父母没有一点共同话题。因为父母对他上网进行不断干涉，他对父母的态度也完全变了，一开口就火药味十足。这一系列的变化着实让他的父母着急，却不知道如何帮助孩子，这也是现实生活中许多家长面临的难题。

网瘾治疗并没有什么特效办法，加上网瘾极易复发，也让治疗过程难上加难。目前网瘾治疗主要以心理引导为主，让网瘾者清晰地认识到自己的错误，从而做出改变，对于严重的网瘾者，可以向正规的网瘾治疗中心寻求帮助。

# 5. 赌瘾：给我一个筹码翻盘

李南星是新加坡观众最喜欢的男艺人之一，被称为"新加坡周润发"。自1986年首次亮相以来，他已有三十多年的表演经验。他在《双天至尊》系列片中饰演的深情赌徒王言飞更是深入人心，这个系列影片让他先后荣获三届"红星大奖"最佳男主角。光鲜亮丽的背后，很少有人知道他曾沉迷赌博多年，无力偿还赌债的他开始自暴自弃，用烟酒麻醉自己，逃避生活。

一切已成为过往，他再次出现在大众面前。在香港CBN《星火飞腾》中他毫不避讳谈及自己的这段经历，他介绍了自己荒唐的赌瘾，回顾了自己荒诞的人生。

虽然他当时在演艺圈十分受欢迎，但是仍然担心演艺合同随时会被中断，于是他开始了自己的投资和生意，但他没有想到自己会被合伙人骗了100万新币。在绝望之下，他开始走极端，祈求天上掉馅饼，他开始尝试通过赌博赢钱来维持生意的运转。十分讽刺的是，他在电视剧中饰演一个英俊的赌徒，赌钱赢钱很轻松，但现实生活中，他一开始就不断输钱。输得多了他又想"都输了这么多了，下一局马上就会赢的"。他染上了赌瘾，赌得越多输得越多，最后债台高筑，欠下了300万新币。

无奈之下，他不得不找身边的朋友帮忙，可是所有人都离他远远的。他不知道如何偿还这一大笔钱，又借钱无门，每日靠烟酒消愁，甚至给自己喝出了"千杯不醉"的称号。与此同时，他每天都要面对数十个债务电话，他只能靠不断撒谎来避开债主。家庭和事业双双失败，他自己也十分着急，但是又想不到什么办法。此外，他还面临着因酒后驾车被捕、因拖欠房租被起诉、七家店铺全部倒闭等难题，自己陷入抑郁甚至多次想要自杀。

从2003年开始，李南星下定决心戒掉赌瘾、酒瘾和烟瘾，恰巧这时候之前的合伙人回来赔偿了他的损失，他今后也不需要再承担公司的债务。与此同时，他的演艺事业也开始有了起色

李南星摆脱赌博成瘾的过程是痛苦的，但也是成功的，此后他再也没有参与赌博。但是现实生活中有更多沉迷赌博不能自拔的人，最终亲手断送了自己的前程。

从古至今，人们都把赌博成瘾当成一项恶习，许多文艺作品里更是将赌瘾视为万恶之源。赌博成瘾实际上是一种心理疾病，尤其是那些负债累累、家破人亡、妻儿离散，甚至死不悔改的赌徒，更是患上了"病理性赌博症"。病理性赌博症实际上就是我们常说的赌博成瘾，是一种赌徒们失去了对自己赌博行为控制的现象。1980年，美国心理学会正式承认赌博成瘾是一种冲动控制行为障碍，并将其

与其他成瘾行为归为一类。

病理性赌博是一种增长性的行为障碍，一旦出现这种症状，赌博上瘾的情况会持续性增长，逐渐失去自控能力。这种逐渐失控的演变过程大致分为三个阶段。

第一阶段：赢钱阶段。中国人所说的"输钱皆因赢钱起"能够很好表明这个时期赌徒的心理。有病态赌博倾向的人，刚开始赌博时与其他人一样，是出于好奇和娱乐的心态，而且他们始终坚信自己会赢。一般人赢了钱会觉得是自己运气好，即便赢了钱也会及时收手，但是有病态赌博倾向的人会在赢钱后，产生强烈的满足感，他们没有及时收手的觉悟，一有机会，就想再次体验赢钱那一刹那间的感觉。时间越长，他们越会沉溺在这种情绪中，从而暂时缺失了理性思考的能力。对于有病态赌博倾向的人来说，他们的快感不仅仅源于赢钱，赢的感受、旁人的赞赏和羡慕，都是他们接着赌下去的动力。在别人的赞赏中，他们失去了判断能力，认为自己擅长赌博，幻想自己可以一夜暴富，赌得也就越来越大，赌博越来越频繁，这种行为会持续数月甚至数年。

第二阶段：追逐阶段。这个阶段的特点是"不能放手"。越想越觉得不值，赢了就加大注码，希望把以前输掉的钱赢回来；输了就更加觉得不忿，认为"有赌未为输"，只要有赌本，就终有一天会扭转乾坤。赌博之人已经彻底失去了理智，不管自己是否有能力偿还债务，都要不断向人借钱；欠债越多，就越想在赌局上赢回来。

第三阶段：危机阶段。在这一阶段，赌博之人往往会出现暂时性的清醒，他们开始意识到发生了什么，债权人上门，家庭面临破裂，甚至面临起诉。在绝望中，有些人会把所有的钱和精力都投到最后一次赌博中，奢求赌赢这一次还清所有债务，可惜往往事与愿违。输掉了最后一次赌博，他们无路可走，会变得极度沮丧，甚至有自杀的想法或行为。

很多赌博成瘾者长期戒瘾不成功，其主要原因是他们有一种颓废的人生观、世界观和价值观，并没有想真正地摆脱赌瘾，这样便不会有顽强的意志力来积极克服赌瘾。

作为一个赌博成瘾者，戒掉赌瘾主要有三种方法。一是通过他人的帮助，转移赌瘾的注意力，让自己对其他事物感兴趣，从而忘记赌瘾或减小对赌博的兴趣；二是积极配合他人的帮助和尝试各种摆脱赌博成瘾的方法；三是增强自信心，相信自己可以战胜赌瘾，甚至可以找来一些激励自己的人或事物，让他们成为自己的精神力量。在这一建立信心的过程中，心理影响生理，让生理向良性方向发展，而良性生理反过来又有助于产生良好的心理，从而形成良性循环。

研究表明，如果一个人在大脑中建立了"紧张—下注—赢钱—愉快"的赌博思维模式，大脑会在受到相应刺激的时候释放一种叫作内啡肽的物质，这种物质会使赌徒产生一种心理快感。久而久之，就会形成一种恶性循环，赌博成瘾，想放弃却无法控制自己，最终会导致"病态赌博"的悲剧。为了自己和家庭的幸福，远离赌博，用健康的娱乐方式获取快乐。

第六章　人生非常态——我的确很特别

# 1. 异食癖：专业吃土三十年

《红楼梦》是中国家喻户晓的经典之作，是中国四大名著之首。《红楼梦》以贾、史、王、薛四大家族的荣辱兴衰为故事背景，以贾宝玉的视角介绍了各个家族中挣扎的人物，体现了小说的人性美和悲剧美，小说中的女性角色不只是在讲述女性，更是中国古代社会的一个缩写。

贾宝玉是荣国府贾政的次子，出生于富贵人家，深受祖母和家中长辈的疼爱，人生得秀气也深得家中女眷的喜欢。他的身边围绕着众多女子，千姿百态，他欣赏她们，也与她们走得很近，逐渐染上了一个奇怪的嗜好——喜欢吃胭脂。

第十九回中写道，袭人与贾宝玉说话，并且约法三章，袭人让宝玉不要再"毁僧谤道"，也不要"调脂弄粉"，更不要"吃人嘴上擦的胭脂了，与那爱红的毛病儿"。宝玉满口答应，马上求饶说："都改，都改。"

书中还多次写道他喜欢吃女孩子嘴上的胭脂，这是众人都知道的。第二十三回写到众人聚在贾政王夫人的屋子里商量事情，宝玉也来了，众人看到宝玉都掩嘴偷笑，只有金钏拉住他对他说："我这嘴上是才擦的香浸胭脂，你这会子可吃不吃了？"可见对于贾宝玉的这一特殊爱好，众人是知晓的。

我们生活中偶尔会听说有人喜欢吃些特别的东西，有喜欢吃铁锈的，有喜欢吃纸的，还有喜欢喝刷锅水的，千奇百怪，各种各样。像贾宝玉这样喜欢吃特殊的东西实际上是一种异食癖，异食癖也叫嗜异症，是一种由代谢、味觉和饮食等多方面因素引起的综合征，患病者会长时间地吃一些非正常的食物。一些患者的异食癖症状发生于婴幼儿时期，经常看到一些较小的孩子喜欢吃纸片、土块、头发等物，屡教不改。

重庆市万州区有一个五岁的小男孩，他从两岁开始吃土块，刚开始每天只吃一点点，随着年纪增长吃得越多，而且他只喜欢吃家里院墙上的土块，每次都嚼得咔嚓咔嚓响，对于其他的土块并没有表现出兴趣，家中的院墙已经被他吃破了一个洞，吃过的总量估计已经超过了50公斤。刚开始家人以为他只是淘气，如今每天吃的土块更多了，家人觉得有问题才带他去医院诊治。

经过诊断，医生判断他为异食癖，而且患有其他疾病。异食癖患者食用的许多东西都不是平常的食物，饮食安全得不到保障，像这个小男孩喜欢吃的土块里面除了一些人体需要的矿物质，还会有很多寄生虫，有些会令人生病，让人腹胀腹痛、疲劳乏力等。异食癖对其他器官也会有影响，口腔食道、消化系统等都会出现问题，更有甚至会出现铅中毒、贫血、肾功能衰竭等重症。

英国有一位少女就死于异食癖引发的其他问题。十七岁的安娜一直有吃头发的坏习惯，小时候母亲发现后严厉地责罚了她，从此后她开始偷偷吃。每次母亲不在家的时候，她都会剪下几根自己的头发吃，后来症状严重了，每次掉下来的头发她都收集起来，偷偷藏在母亲发现不了的地方，等想吃头发的时候再拿出来大快朵颐。上学以后，她开始躲着老师在学校吃头发，不仅自己吃，她还找到了一起吃的小伙伴。

等到十七岁，她在一家理发店找到了工作，见习发型师的职位让她接触到了更多的头发，在理发店没有了母亲的约束，她开始更加大量地吃头发。终于，她的身体发生了变化，一天她突然腹痛难忍，被送到医院，医生检查后发现她吃下去的头发在胃中难以消化，纠结在了一起引起了腹痛，因为常年食用，头发已经纠缠成很大的体积，必须手术才能取出来。可惜的是手术过程中，安娜发生了大出血，死在手术台上。短期内的异食癖看似对身体没有什么影响，但是异食癖往往是一种长期的疾病，时间一长，对人体的危害就显现出来了。

电影《咱可不是猫》是2016年的一部猎奇式的影片，虽然片名中带有猫的字样，但是片中的故事却并没有那么温和，男主角在一天的时间内失去了工作、女友，甚至居所也没有了，但是很快他遇到了一个跟他有同样奇怪习惯的女人Anya。

两个人因为都喜欢吃猫的毛发结合到一起，共同度过一段又丧又失落的人生阶段，对于彼此来说，他们是对方生活中最后的光芒，没有朋友、不被理解、没有方向，他们的生活孤独，但因为彼此的加入变得有趣了一些，好像不再那么丧了。

电影里的故事诡异却也有些浪漫，但一般的异食癖患者是没有这样的浪漫经历的，现实生活中，与《咱可不是猫》的男主角一样患上异食癖的人并不少。

美国佛罗里达州有一个女孩对洗涤用品情有独钟，无论是洗衣液还是香皂，她都感兴趣，每天至少要吃一块香皂才能让自己平静下来。医生检查了她体内的微量元素水平，发现她很健康，经过询问才知道，原来女孩前不久刚失恋了，失恋给她造成了巨大的心理压力，不知为何洗涤用品转移了她的注意力，当她不开心难过的时候吃这些东西能够给她带来慰藉，缓解她的悲伤，这种状况持续了半年，随着她走出失恋的阴影，异食癖的症状也随之消失了。

像这位失恋的姑娘一样，异食癖多由心理因素引起，但也有相当一部分是因为体内缺乏微量元素形成的怪异性饮食习惯，其中很大一部分人是因为缺锌患上的异食癖，补锌之后异食癖的症状得以改善，平时补锌能减少异食癖的发生。

（1）锌含量高的食物有瘦肉、蛋黄、鱼肉和猪肝。

（2）动物体内的含锌量普遍比植物体内的多，多吃肉类也可以补锌。

（3）植物中也有含锌量高的种类，虽然比不上肉类，但对于素食主义或者有特殊原因限制肉食的人群来说，也是补充锌的好方式，大豆、花生、萝卜、白菜和一些谷物都可以补充人体的锌。

（4）贝壳类食物的含锌量也很高，其中含锌最高的贝壳类食物是牡蛎。

（5）补锌口服级和药剂，一定要在医生的医嘱下按计量补充。

异食癖的治疗要以教育和行为治疗为主，让患者意识到吃这些东西的危害，在心理上引导他们正常饮食。异食癖患者多是些心思细腻敏感、性格内向、喜欢钻牛角尖的人，帮他们建立正常健康的心理状态是治疗异食癖的基础。治疗过程中，亲友要帮助患者坚持，当他们表现痛苦时也不能心软，不让他们再吃那些怪异的食物，时间长了异食者对于怪异食物的依赖性会逐渐减小。除了这些关于异食癖的治疗，对患者也要在生活中进行引导，让患者将注意力从食物转移到其他事情上，培养运动、读书、旅行等其他爱好。

有些异食癖患者伴有抑郁情绪，严重的要辅以抑郁治疗。异食癖的治疗是个漫长的过程，不可操之过急，也不能表现得过分关心，给患者压力。

"嗜痂成癖"是一个不常用的成语，讲的是古代有个名叫刘邕的人，他有一个怪癖，喜欢吃人身上的结痂，他觉得结痂吃起来有鳆鱼的味道。一次他去拜访孟灵休，孟灵休当时生病在床，身上结了许多痂，还有一些掉落在床铺上，刘邕看到掉落的结痂，马上开心地吃了起来，孟灵休吓得马上劝阻。后来人们就用嗜痂成癖来形容人的怪异的癖好。

异食癖在一般的人眼中充满了神秘色彩，人们认为他们的行为诡异，许多人怀着好奇心想一探究竟，了解过后甩头离开。实际上异食癖患者多是可怜之人，他们不仅有着常人难以接受的病态爱好，也有着异常敏感的心思。如果是身边的亲友患病，要注意照顾他们的情绪，心理疾病是一种折磨人的疾病，不仅折磨患者自己，也折磨着身边的人，对于这类患者，真诚的帮助和真心的陪伴都是他们需要的，也是作为朋友应该做的。

## 2. 贪食症：肚子里的怪兽

中国传说中有龙生九子的故事，其中的饕餮是龙的第五个儿子，《山海经·北次二经》中介绍"其形状如羊身人面，眼在腋下，虎齿人手"。传说中饕餮的最大特点是能吃，苏东坡根据这一特点写过一篇《老饕赋》，里面有"盖聚物之夭美，以养吾之老饕"的诗句，给饕餮蒙上了一层可爱的色彩。

众多像饕餮一样，经常大快朵颐的名人中，有一位虽然十分有名，在贪食方面却不被人熟知。她就是戴安娜王妃。

戴安娜与查尔斯相遇颇有传奇色彩，刚开始查尔斯约会的对象是戴安娜的姐姐莎拉，但当时的莎拉正专心调理自己的饮食和身体，无暇顾及这位王子，才把自己的妹妹戴安娜介绍给他。一段时间的约会后，戴安娜与查尔斯决定迈入婚姻的殿堂。

虽然与查尔斯的爱情是美妙的，但查尔斯的身份还是给她带来了巨大的压力。来自皇室和媒体的压力，还有大众的议论都令她无所适从，为了排遣负面情绪，戴安娜开始吃越来越多的食物，但食物不仅没有给她带来安全感没有缓解她的压力，也没有转移她的注意力，反而令她难过，她开始用手抠喉咙，吐出自己吃下的食物，这种方式让她暴瘦，腰围从29英寸降到了23英寸。

不久，戴安娜发现查尔斯的生活中出现了另一个女人——卡米拉，他日记中掉落的照片、他要送出的礼物、他配饰上的英文缩写等都有着卡米拉的影子。她找到查尔斯，询问他一切，他丝毫不否认，反而指责她"整个蜜月行程我们都是在呕吐的味道中度过的"。

面对查尔斯的移情别恋，戴安娜由贪食变成了暴食，暴食过后又是一轮催吐。越是痛苦的戴安娜越是保持着仪表的端庄，她的内心和外在在截然不同的轨道上运行着。加上刚刚大婚，媒体兴致正浓，无数人正在盯着这个本该沉浸在新婚欢乐中的王妃。媒体的关注、大众的议论成为戴安娜的枷锁，加速着内里的变化。

戴安娜没有选择离开查尔斯，而是付出更多。戴安娜生下两个孩子后，决定为了孩子重拾生活，她决定与查尔斯离婚，同时开始漫长的疗养恢复。她的贪食得到了控制，情况好似在好转，谁料1997年8月31日她因为车祸离世。

在戴安娜与查尔斯相处的日子中，贪食症一直折磨着她。贪食症并非一般的口舌之欲，而是一种进食异常的表现。病人发作时表现为强烈的食欲，吃下许多食物，进食后常常过分担心发胖，又会采取催吐、加大运动量的方式减重，每周至少暴食两次以上，且暴食的症状持续三个月以上的，满足上述条件的才能被诊断为贪食症，也即是神经贪食症。

贪食症大多源于心理原因，许多患者因为出现情感问题，借助强迫进食的方式来逃避痛苦，他们通过咀嚼的方式缓解心理压力。贪食症患者往往会担心自己过胖，对于身体变胖会产生负罪感，从而节制饮食甚至产生厌食，造成贪食厌食的不良循环。

贪食症多发作于青少年时期，其中女性患者较多。艳艳便是一个深受其苦的女孩。身为高中生的艳艳是同学眼中的"大胃王"，每到课间，她都要吃些零食，在教室里吃，在学校里吃，在回家的路上吃，无论在哪里看到她，她的手上总是有一袋零食。同学们以为她只是能吃，但只有她自己知道，每当满足不了自己吃的欲望，她就会心不在焉，老师讲的课也听不进去，觉也睡不好。长期的贪食让艳艳的身材走了样，她的体重越来越重，原本苗条的她成了一个小胖子，她决心减肥。

几天的过度减肥，艳艳的体重没有降多少，人反而越来越没精神，而且经常困倦，学习成绩也降了下来。父母看着艳艳的变化，心中担心，带她到医院做了全面的检查，最后才发现原来她得了贪食症。

《瘦身男女》中，郑秀文扮演的肥妹也是因为贪食症，才变成了一个胖子。原本身材修长匀称的她，因为失恋的痛苦患上了神经性贪食症，暴饮暴食之下才成了片中的样子。她靠吃来发泄自己的负面情绪，即使她很想减肥控制体重，也控制不了自己的食欲，更控制不了自己的痛苦情绪。

对于戴安娜、艳艳和《瘦身男女》中的肥妹来说，食物不仅仅是用来填饱肚子的，更是用来保护自己、释放压力的一种途径，每当遇到问题，她们通过这种方式逃避，而非积极正面地解决问题。暴饮暴食和催吐都能令大脑产生内啡肽，正是这种物质让我们产生"兴奋感"，从而让人欲罢不能出现"上瘾"的症状。

梁颖是朋友间公认的美女，她身材匀称让身边的朋友羡慕不已。本来十分自信的她，在当了模特之后变得郁郁寡欢了。身边都是面容姣好、身材瘦长的美女，梁颖在其中少了往日的光彩，她更加在意自己的容貌和身材，开始时不时地进行节食减肥。很长一段时间，她不吃任何主食，每天都靠水果蔬菜充饥，减肥卓有成效，她更瘦了。

瘦下来了，她决定恢复之前的饮食，饭桌上再次出现了主食和肉的身影，偶尔她还会吃些零食，她的体重快速上升，不仅比原来更重了，她还患上了贪食症和其他并发症。梁颖这才意识到了问题的严重性，好好接受治疗。

梁颖的症状是典型的贪食症，但不了解的人很容易以为她只是贪食，或者得的是暴食症，贪食症、贪食和暴食症乍看起来，好像意思差不多，但实际上有着天壤之别。贪食症不同于普通的贪食，而是对吃的欲望极其大；而贪食则算不上一种病，多是出于口舌之快；暴食症更倾向于进食过量。

近期，网络上流传着一个关于贪食症的事件。有一个十七岁的女孩身材稍胖，在学校里看着周围苗条的女同学，心生羡慕，碰巧学校中有一个她暗恋的男孩，她下决心减肥。看到《甄嬛传》中嫔妃安陵容用"息肌丸"快速瘦身后，她网购了这种三无药物，还买了很多其他种类的减肥药，想要减得快一点。

她将这种药贴在肚脐上，每天主要用水果充饥，尽量不吃米饭，加上乱七八糟的减肥药，两个月的时间，她减下来15斤，但其他的问题也随之而来了。本是青春少女的她变得面色无光，开始脱发，刚开始她看到食物就想吐，后来又开始疯狂贪食。在减肥的途中，她得了贪食症，还将自己的身体搞垮了。许多年轻的女孩子为了他人眼中的美，乱用减肥药，甚至选用一些三无产品，伤财伤身。最安全的减肥方式就是"管住嘴迈开腿"，在医生的嘱咐下可以适当使用减肥药，但一定要使用正规产品。

好在这个女孩的减肥时间不长，及时止损对身体的伤害能够降到最低，但是这之后等待她的是一个长期且艰难的治疗过程。

贪食症的治疗是一个长期而且缓慢的过程，是一个身体调节和心理疏导的过程。首先要改善饮食情况，一日三餐规律饮食，注意营养搭配，尽量避免在两餐之间吃高油高脂高糖的食物，合理增加含膳食纤维的食物，帮助消化代谢。其次要避免患者因为过度担心发胖而服用药物或是催吐的情况，滥用药物和催吐都容易出现并发症和依赖，延长贪食症的治疗时间。最后，贪食症不仅要在饮食上注意，采取药物治疗外也要采取心理治疗，疏导患者的抑郁情绪能够极大帮助患者康复。

美食当前，我们都很难拒绝，为了健康我们要学会控制食欲，更不能为了排解生活的不顺让"口舌逞一时之快"，贪食症容易"上瘾"，治疗过程漫长而且容易复发，所以当我们有了贪食的迹象，就要提高警惕，积极进行疏导，让自己远离"饕餮之口"。

## 3. 厌食症：我不想我不想不想吃饭

《昨日重现》是一首二十世纪七十年代的经典歌曲，曾入围奥斯卡百年金曲，歌曲的演唱乐队卡朋特组合也红极一时。卡朋特组合由卡伦·卡朋特和她的哥哥理查德·卡朋特两人组成。在成立前，理查德·卡朋特就已经因为音乐才华被许多人熟知，创作出大量流行音乐。成立后，卡伦成为组合的歌手和键盘手，理查德则负责伴奏和和声，卡伦清澈的嗓音被认为是当时表现力极佳的歌手。组合成立的十年间，他们创作出大量脍炙人口的歌曲。直至1979年，仍处于巅峰状态的卡朋特兄妹突然宣布取消一系列商业活动，兄妹二人的健康问题成为大众的焦点。

原来长期创作的理查德一直承受着巨大的精神压力，经常需要药物才能入睡，逐渐地，他开始出现药物上瘾的症状。卡伦的生活也开始变得一塌糊涂，因为大众的持续关注和议论，她尤其在意自己的身材，试用了各种方式来减肥，最后开始服用泻药减肥。持续性不健康的减肥方式让她对食物产生了抵触情绪，患上了神经性厌食症，她的身体开始出现问题。

加上婚姻失败，巨大的精神压力加重了她厌食的状况，直至1983年2月4日，卡伦在父母家中心力衰竭而死。厌食症让卡伦付出了沉重的生命代价，也让人们开始正视厌食症状。厌食症有小儿厌食症、青春期厌食症和神经性厌食症，像卡伦这种患的是神经性厌食症，是一种心理因素干扰下的生理障碍，患者会出现卡伦一样的症状，过分迷恋减重，造成代谢系统和内分泌的紊乱，严重的还会如卡伦一样失去生命。

20世纪80年代的美国，受厌食症困扰的不仅卡伦一个人。在以瘦为美的审美需求中，明星们害怕被粉丝抛弃、害怕在镜头中呈现出不完美的那面而开始大肆限制饮食、减重，其中很大一部分明星患上了神经性厌食症，丹尼斯·奎德就是其中之一。因为拍摄需求，丹尼斯·奎德减重40磅，患上了神经性厌食症，在很长时间内失去了对食物的兴趣。

厌食症不只存在于明星之中，生活中受其困扰的比比皆是。

晓乐是即将走出校门的大学生，面临着找工作的压力，看着自己的同学陆陆续续拿到Offer，她的压力更大了。在女生寝室里，女孩子们经常谈论关于身材的话题。有一次卧谈会，女生们谈论着理想的身材，有个与晓乐关系较好的室友提到自己的腿太粗了，晓乐也觉得自己的腿太粗了，两个人相约一起瘦腿。两个人的锻炼收效甚微，最后商量决定用节食的方法瘦腿。从一开始的减少主食，慢慢控制糖的摄入，室友实在拒绝不了美食的诱惑败下阵来，而晓乐还在坚持，最后她整天都不吃任何东西。

晓乐得到了期望中的"瘦"，她的身体瘦到皮包骨的程度，但非常虚弱，连行动都出现了困难。假期回到家中，父母险些没有认出来这个形销骨立的女孩就是他们的女儿。父母以为是晓乐在学校吃不好，给她做平日里她最喜欢的菜，但刚吃两口的她就开始呕吐。

父母担心出问题，强制带着晓乐去医院看病。经过确诊晓乐患的就是神经性厌食症。经过检查，晓乐的情况严重得多。她的肢体已经出现了僵硬的状态，她的皮肤干燥没有弹性，根本不像正值花季的年龄，她的皮下脂肪所剩无几，肌肉也出现了萎缩的状态，月经也很长一段时间没有来了。

晓乐接受了治疗，两年的时间才让她的身体恢复到原来的样子，但原本爱笑爱玩的晓乐却消失了。年轻女孩追求美本无可厚非，但对身材过分地看重，甚至到了病态的程度，危害的就只有自己和家人。

厌食症的患者大多是女孩，在这些过分追求骨感美的女孩眼中，她们镜子中的自己与我们看到的并不相同，在我们看来是病态的瘦弱，在她们眼中却是标准身材。她们因为担心发胖、担心自己不够漂亮，采取极端的节食方法控制体重，久而久之形成了心理问题，对食物产生厌恶的情绪，体重随之下降继而鼓励了她们节食的想法。

神经性厌食症有两种类型：限制型和暴食型，卡伦、晓乐这种情况都属于限制型厌食症，而另一种暴食型厌食症的症状与贪食症有些相像。有些人不希望别人发现自己厌食的真相，便开始用暴饮暴食的假象掩盖。在外人面前，他们吃了许多食物，随后通过药物、呕吐等方式排出吃下的食物，乍一听与贪食症并无不同，但暴食型厌食症造成的是体重的减轻，而贪食症则造成了体重的加重；其次，贪食症的呕吐现象一般发生在吃过食物后，而厌食症的呕吐和药物滥用则更为普遍，次数也更无节制；另外贪食症往往是不致命的，厌食症却是有生命危险的，卡伦就是很好的警示。神经性厌食症是一项长久且难以治愈的疾病，它的并发症通常是抑郁症和严重的营养不良，人们在治疗过程中，通常是身体好了，精神状态依然很差。

莉莉·柯林斯是好莱坞炙手可热的女演员，2017年她出演的《骨瘦如柴》再一次掀起人们对于审美、瘦和厌食症的讨论。在很多电影里，莉莉·柯林斯都是古灵精怪的治愈形象，但是这部电影里她的形象有些颠覆，她在影片中饰演一位身世可怜、患有重度厌食症的女孩。

她的母亲是位同性恋者，在她还小的时候就离她而去，因此她总是怀疑自己，认为是自己不够好让母亲离开的，实际上她的母亲是因为另外一位女士离开的。她的厌食症十分严重，吃炸鸡等油炸型的食物甚至需要剥皮，每次吃饭对她来说不是享受而是一种折磨，各种食物在她的盘子里切来切去，就是不送进嘴里，实在需要送进嘴里也只嚼了几下就吐出来了。

长期的厌食症让她严重营养不良，走路甚至都会晕倒。最后她被家人送到治疗中心接受治疗。如果你以为这只是一部电影，那么你就错了，电影中的场景就是莉莉·柯林斯真实生活的写照。舞台上的莉莉·柯林斯是他人心目中的女神，但生活中的她也是一个被厌食症困扰的女孩，她的厌食症已经严重到令她呕吐、脱发甚至闭经的程度。莉莉·柯林斯患病的原因也与她扮演的女孩极为相似——家庭原因。

父亲母亲分开，家庭成员之间关系淡漠，这让年轻的莉莉无法接受，她开始将生活的不满发泄在自己身上，发泄在生活上。其实，大多数厌食症患者并不是单纯地厌恶食物，他们厌恶的也是生活本身。他们对周围的一切丧失了兴趣，对原本喜欢的事物也丧失了乐趣，这一点症状与抑郁症有些相似。

莉莉·柯林斯为了真实，原本很瘦弱的她仍然减掉了9公斤，影片中她的形象不是依靠化妆和特效塑造的，而是她减肥后真实呈现的效果，也是许多厌食症患者的真实面貌。

时至今天，社会上被"瘦为美"绑架的大有人在，一边是"美"的夸赞声，一边是食物，他们毫不犹豫选择了流行的美，以瘦为美的审美标准给神经性厌食症的治疗带来了很大难度。厌食症不仅是身体的反应，也是精神的反应，我们该正视自己的身体，合理审视，不要追求过分的瘦弱之美，那种美虽是一种美，却难以经历自然的力量。

## 4. 疑病症：我是不是要死了

"有两种东西，我对它们的思考越是深沉和持久，它们在我心灵中唤起的惊奇和敬畏就会日新月异，不断增长，这就是我头上的星空和心中的道德定律。"这句话被刻在了康德的墓志铭上，是他所作的《实践理性批判》最后一章的内容，也是他较为有名的一句名言。

在大众的认知里，康德是一位杰出的哲学家，但人们不知道生活中的他是何种模样，其实生活里的康德没有了讲台上的风度翩翩，他是一个严肃刻板的人，他的生活极为规律，起床就寝时间、一日三餐、写作演讲，甚至是喝咖啡和散步都有严格的时间，他的生活仿佛一张Excel表格，每个时间严格对应着每件事。

康德有许多学生，其中最为出名的是赫尔德，赫尔德与歌德、席勒一同支撑起古典派。虽然康德桃李满天下，但是很长一段时间里他并没有得到教授的职称，在此期间他甚至拒绝了哥尼斯堡给他提供的教授职位，他同时拒绝的还有埃尔朗根大学和耶拿大学。他其实是不愿意离开家乡。

他在给朋友的信中这样介绍自己的情况："我胸腔狭窄，心脏和肺的活动余地很小，天生就有疑病症倾向，小时候甚至十分厌世。"实际上，康德并没有心肺方面的问题，他的身体非常健康，没有一点疾病，他对于自己的身体状况的错误评估，正是疑病症的症状。

生活中有许多这样的人，他们虽然身体上并没有疼痛或是不良的感受，但是就是觉得自己得了什么病，这种疾病并非源于身体而是源于心理。这类人听到什么病症的特征就会对应在自己身上，怀疑自己得了这种病，每天过得忧心忡忡，时间长了反而真的出现了不舒服的症状。这种人经常去医院做各项检查，不仅增加了自己的经济负担，也让身边的人痛苦不堪。其实他们自己也不知道为什么那么害怕生病，不知道自己为什么总有得了大病的错觉。

这些症状都是疑病症的症状，疑病症也称为疑病性神经症，是一种精神疾病。疑病症是指对自己的身体有不切实际的幻想，对自己的身体过分关心，并且难以消除自己生病的怀疑。患者会让自己的思绪被怀疑、烦恼和恐惧占满，而真实情况是患者完全没有患病。

疑病症是有其发展顺序的，初期的症状表现为过分关心自己的健康问题，任何身体上的轻微变化都能引起他们的关注，他们对这些变化得出与事实完全不符的结论，并且幻想身体出现不适。疑病症患者幻想的身体不适多为全身不舒服、某一部位不舒服，甚至会出现其他的真实的疾病，这种伴生性的疾病多为头、颈、腹的疾病。在整个生病期间，患者会持续性感到焦虑、忧愁和恐惧，正如康德给友人的信一样，充满了对自己身体和未来的担心。

　　有些人虽然知道自己得了疑病症，但是无奈控制不住自己。他们甚至知道时常怀疑担心自己的身体对自己有害，但是又没有办法解脱，深陷其中无法自拔，甚至会为了证明自己的猜测而伪造一些症状。大多数人的疑病症是完全健康的情况下发生的，也有一些疑病症是建立在疾病的基础上的。

　　有一位刚从单位退下来的老先生，最近身体不舒服，去医院检查出了腰部筋膜炎，怀疑是长期伏案工作导致的。老先生积极配合治疗，虽然病情有所好转，但是身体上的其他部位也出现了不舒服的症状，他觉得自己全身的肌肉都很酸痛和僵硬，关节也疼，腿脚也疼。儿子陪着他去医院检查了一大圈，并没有发现其他的疾病，但他仍然表现得极为忧虑。无论家人怎么安慰他，怎么给他看检查报告，都无法打消他的顾虑。

　　儿子悄悄咨询了医生，医生怀疑老人得了疑病症，建议他们去看心理医生。经过心理医生的诊断，原来老人真的得了疑病症。

　　疑病症的发病多与社会心理因素有关，不健康的社会心理和人格是疑病症的发病基础。老先生平时就是个敏感多疑、谨慎固执的人，同时也是个完美主义者，这种人对于任何事情都会想要个完美的模样，包括自己的身体。通常患有疑病症的男性患者有强迫性人格，而女性则表现出癔症性格。

　　因为疑病症的发生与心理因素有关，也会经历一个漫长的治疗过程。婚姻生活、亲友离世、换了新的环境……这些特殊经历都容易让人患上疑病症，其实根本还是个人孤独、缺乏安全感。

还有一种特殊的情况能够引起疑病症，在其他病症的就医过程中，医生如果有不当的言行、态度和行为令患者疑惑，或者医生的诊断不确切，让病人反复做检查，会让病人产生一种"我得了大病"的错觉，而多次的自我暗示后，疑病症就发生了。

对疾病的恐惧是每个人都会产生的心理，当事人过分关注和怀疑才会形成疑病症，如果身边的朋友出现以下一些症状可以大致断定他们得了疑病症，要尽快带他们看心理医生。

（1）疑病情绪。当他们对身体上的某一个部位表现出超出常人的敏感，进而过分关注，但当询问他们的时候，他们又含糊不清，不能表明到底是哪里不舒服。还有一种患者对于不舒服的部位的描述特别具体和逼真，甚至认定了患有哪种疾病。这两种情况都是疑病症的表现，在检查具体部位安全无恙后仍然不能打消他们的患病情绪，甚至会增加许多强烈的感情色彩。

（2）疼痛现象。约三分之二的疑病症患者都表明自己有疼痛的现象，但是他们无法表明具体的疼痛感受，有时候又会说自己全身都疼，但是检查往往无果。

（3）躯体现象。患者的躯体表现很多，有的会产生特殊的气味，恶心、反酸、胀肚等，有一些还会发生流汗增多的现象。

其实疑病症并不可怕，只要积极治疗，大多都是可以治愈的。

《无病呻吟》是莫里哀执导的一部关于疑病症的影片，主演克里斯蒂安·克拉维耶在影片里是一名疑病症患者，他的身体越是健康，他的疑病症状越是严重。影片围绕着他因为疑病症发生的荒诞故事展开，其中穿插着阴谋和爱情、成长，是法国的经典影片，因为其法国色彩浓郁，令一些外国观众无法接受。

《无病呻吟》是一部喜剧，却是一部通过疑病症患者的痛苦展现的喜剧，虽然故事里他受困于疑病症，但实际上疑病症是可以治愈的，而且已经形成了系统的治疗方法。

疑病症的治疗不同于其他心理疾病的治疗，要首先排除身体上的疾病，如果患者有身体上的疾病，要进行治疗。在排除了身体上的疾病，明确患者患有疑病症后，要马上减少甚至停止不必要的检查和治疗，给患者一个宽松的心理环境。疑病症的治疗通常以心理治疗为主，药物治疗为辅。

心理治疗的过程是一个让患者自己接受自己真实身体情况的过程，也是一个帮助他们建立健康人格的过程。心理治疗的初期，心理医生要仔细耐心地听取患者的叙述，真诚地关心他们的各项检查结果，关心他们的身体状况。通过这种方式建立与患者的良好关系，随后引导患者认识真实的疾病和人体，让他们了解疑病症是心理疾病，并不是身体上的疾病。

在心理治疗的过程中，有一点要注意，要认可患者身体上的不适感，不要对他们的身体不适感立刻采取反对态度，以避免真实的身体不良感，要对病症有科学的认识和解释。立刻的反对态度容易让原本靠近的心理距离，再度变远。

除了建立良好的疾病和心理认识以外，转移患者的注意力也能够帮助他们治疗疑病症。鼓励他们多走出去，多接触陌生的环境，改变原有的生活方式，参加社交活动能够让他们产生新的兴趣点，转移自己对于身体的关注，疑病的症状会得到缓解。

森田疗法是一种对许多人有效的治疗方法，这一疗法也被称为"禅疗法"，是一种日本传入的疗法，主要用来治疗强迫症、社交恐怖、疑病症等心理疾病。

用药物治疗疑病症，其中的药物主要作用于疑病症带来的抑郁情绪和焦虑情绪。

疑病症是一种心理因素造成的心理疾病，治疗过程漫长且会出现反复的情况，与其他心理疾病相比危害较小，但任何一点小小的刺激都会成为诱因，我们能够做的就是帮助患者了解病症，带领他们走出自己熟悉的环境，培养新的兴趣，让新鲜感和新兴趣代替疑病症。

## 5. 囤积癖：为什么不肯断舍离

窦文涛主持的《圆桌派》一直深受观众朋友的喜爱，他们的话题贴近生活又能给人一定的启发。一期节目中，几位嘉宾谈到了囤积癖，他们认为现代人的囤积癖与之前的人不同，之前的囤积癖大多是因为物质匮乏，而现代人的囤积癖更多的是因为人们城市生活的孤独感，是一种对亲密关系的渴望。现代人虽然沟通的距离和成本下降了，但是沟通质量也下降了。很多人的关系只建立在电话上，越来越多的人将自己的无措、慌张和孤独转移到物品上，逐渐形成了囤积癖。

历史上最著名的囤积癖的例子当属美国的科利尔兄弟了。

1947年3月，一座豪宅外面聚集了很多警察和围观的群众，这座外表整洁气派的豪宅属于两兄弟霍莫·科利尔和兰利·科利尔，警方在房子内分别发现了他们的尸体，但发现的时间却相隔三个星期。

两兄弟出生于富裕家庭，父亲是一位医生，母亲是一名歌剧院歌手，两人从小接受良好的教育，曾就读于美国哥伦比亚大学，哥哥霍莫·科利尔主修法律，弟弟兰利·科利尔主修工程学。两人不仅工作体面而且才华横溢，哥哥毕业后顺理成章成为一名律师，弟弟不仅是位工程师，还是一位有名的钢琴家，曾在卡内基音乐厅里演奏过。

1929年父母过世后，两兄弟继承了大笔遗产。1933年，霍莫·科利尔眼底出血失明了，弟弟兰利·科利尔为了照顾他，辞职回到家中。弟弟坚信哥哥有一天会复明，从他回到家的那一天开始，将每天的报纸保存下来，以便哥哥复明后不错过任何一条新闻。当时正处于美国经济大萧条的时期，社会治安环境变得很差，兄弟俩坐拥财富不用为生计奔波，开始减少外出。但是周围的人对这两个闭门不出的人产生了兴趣，一些恶作剧的人甚至向他们房子扔石头，砸坏了许多玻璃。两人感到不安，害怕遭到袭击，他们用铁栅栏将大门和窗户封闭起来，甚至把门铃也拆了，恰巧因为没有及时缴费，他们的水和电也被切断了。两个人开始了闹市中的桃源生活。

越是如此躲避，人们的好奇心越是旺盛，甚至有传言称他们之所以闭门不出是因为房子里有大量金条珠宝，有人动了歹心。为了保护自己和哥哥，学习工程学的兰利·科利尔给房子安了很多陷阱，无法闯进去的人们很快就对他们不感兴趣了，转移了目光。

兰利·科利尔每天只在午夜后才去购买食物，在他们花光了积蓄后，他每天只给自己和哥哥买些面包，或是在垃圾箱里翻找点食物，饮用水则是在附近的公园里取，并且一路上翻找自己感兴趣的垃圾带回家。

在人们的印象中，他们是风度翩翩、有绅士风度的，干净整洁的服饰，恰到好处的胡子，一切的一切都在彰显他们的地位，任谁也想不到两个人都是重度囤积癖的患者。

1947年警察接到一名小偷的报警电话才来到该房子，屋子里堆满了垃圾，警察花了五个小时的时间找到死于饥饿和心力衰竭的霍莫·科利尔的尸体，三个星期后才从满屋子的垃圾中找到兰利·科利尔的尸体，兰利·科利尔死于自己设计的机关。

警察发现第一具尸体后，清理了现场，他们共清理出25000余本书籍、14架钢琴、2架风琴，许多父亲留下的医学标本、旧的杂志传单、婴儿车、衣服，等等。房子里一共清理出几十吨垃圾，成为史上最著名的囤积癖的案例，囤积癖也因此正式进入大众视野。

2009年，美国艺术与娱乐频道针对人们日益严重的囤积癖专门做了一档真人秀节目《强迫性囤积患者》，节目揭开了许多囤积癖患者的真实生活，他们的房子里被各种物品塞得满满的，有的人还把杂物放在院子里，甚至多次被卫生检查员警告，他们个人也因此经常感到焦虑和不安。

2012年，英国也有纪录片《英国囤积王》展现一位囤积癖患者的生活。纪录片的主角患有严重的囤积癖，她的女儿经常帮她收拾物品、整理屋子，将那些不需要的物品清走。但刚收拾完不久，她就又用各种物品填满了屋子，女儿感到无奈的同时也感到气愤，为了根治母亲的囤积癖，辗转找到了专门研究囤积癖的心理学团队，纪录片也由此而来。

　　跟片中的女儿一样，我们生活中也有许多儿女为父母的囤积癖痛苦不堪。很多时候我们以为囤积癖只是一种个人的生活习惯，实际上像片中的母亲一样囤积过度已经不是简单的个人习惯了，而是一种病态，是一种精神疾病。

　　囤积癖也被称为强迫性囤积症或弃置恐惧症，主要表现为不断囤积新的物品，同时无法舍弃旧的物品，即便是毫无收藏价值和用处的物品，在他们眼中也变得珍贵无比。囤积癖不仅危害着患者的心理健康，也给家人造成了很大的困扰，原本宽敞的家变得拥挤，囤积的物品压榨着家人的生活空间，也容易滋生细菌给家人带来健康威胁。

　　美剧《破产姐妹》中有一集关于囤积癖的故事。Carline和Max为了赚钱，到处找兼职，她们在网站上看到一则招聘，有人在请人帮助自己收拾屋子。Carline和Max以为找到了轻松的兼职工作，直到她们到了雇主家才发现自己的想法太幼稚了。雇主的屋子简直可以用"恐怖"来形容，屋子被各种物品占据着，几乎没有容身的空间，里面有老旧的绒布地毯、各种布娃娃、吃过食品的包装，等等。剧中进行了很戏剧化的处理，屋主与Carline和Max交流的时候人根本没有出现，只有声音出现。这种处理一是表明囤积癖压榨了他的生活空间，甚至看不到他；二是好像在表明患有囤积癖的屋主仿佛在用这些物品给自己建立一道保护墙，自己不愿意走出来，他人也无法进去，这是很多囤积癖患者的真实写照。很多地方像剧中一样，出现了帮过度囤积者收拾屋子的工作。

从前，人们只认为这是一种囤积的癖好，直至2013年美国发布的《精神疾病诊断与统计手册》第五次修订版，里面明确表明囤积癖属于精神疾病，而在此之前人们通常认为囤积属于一种强迫行为，是强迫症的附属病症。但经过长时间的观察，研究人员们发现囤积癖是一种与强迫症完全不同的精神疾病，大脑成像证明了研究人员的想法。这不仅让人们更加关注囤积癖，也给囤积癖正名了，更改变了囤积癖的治疗方式。

囤积癖不只是老年人的专属，少至几岁的孩童，老至百岁，都可能被囤积癖困扰，囤积的物品也千奇百怪，大到家电，小到针线都可能被囤积起来，有些人囤积的物品甚至是不被人理解的。

很多书籍中都描述过囤积癖的现象，心理学教授兰德·弗罗斯特和社会学教授盖尔·斯泰吉蒂所著的《物品：强迫性囤积和物品的意义》更多地阐述了囤积癖的心理变化，囤积癖的症状会因为心理创伤而加剧，还会引发其他精神类疾病，囤积癖患者经常会产生一种类似于儿童的逃避行为，情感上不接受失去，也无法接受物品丢失。囤积癖患者还展现出一种普遍性的现象，他们大多是完美主义者，同样有注意力难以集中的问题。

著名的心理学家武志红也提到过人的内心是有不同层次的需求的，只要满足60%左右的需求，人就会觉得生活充满希望，但是如果一个人被满足的需求达不到60%时，人的心理就会发生转变，反而去追求满足自己100%的需求，过高的追求会让自己更为孤独，这种完美主义的追求容易让自己陷入囤积癖的精神疾病中。

美国心理学家弗朗辛·拉索也在所著的《囤积症：向物品寻求安全》中表明人作为社会性群居动物，是需要心理安全感的，当面对质疑、打击等负面情绪的时候，能够调动自己的心理安全感抚慰自己。除了真实的人以外，亲密的人使用的物品也可以作为我们的精神寄托给我们力量，给我们安全感。

许多囤积癖是缺乏安全感造成的，当他们无法从人心上获得安全感的时候，就会将安全感转移到物品上。但是人的关系是复杂的、充满变化的，当囤积癖患者有了心理依赖后，是否会戒掉囤积癖成为许多研究人员关注的问题，很可惜，他们通过调查大量的患者发现亲密关系并不能治愈囤积癖，但确实会对患者产生影响。作为亲友或是恋人，身边的朋友患上囤积癖，我们能够做的只有给他们安全感，让他们可以依赖我们，给他们更多的理解。

## 6. 自大狂：我是唯一的神话

　　我们俗称的自大狂实际上是一种自大的情绪状态，患者过分肯定自我价值，以自我为中心，认为自己是天之骄子，处处显示着自大。自大狂认为自己凡事都是最好的，自己有聪明的头脑、杰出的领导力和较好的外貌。自我评价过高，而且不在乎别人对自己的评价，他们的评价系统里只有自己。当听到负面评价时他们会自动忽略，认为对方不懂自己甚至在诋毁自己；当外界对自己给予肯定评价时，他们又会认为对方说的对，认为对方是公正的。即便对方给予的好评是极度夸大的，是嘲讽态度的，患者也会认为对方的夸奖是合理的。

　　拿破仑是一代军事天才，曾有"常胜将军"之名，与他同样出名的是他的自大。1804年拿破仑在法国登基，但是他并没有因此满足，他豪言"只向往一个世界帝国，世界要求我来通知它"，还说"我不知道有什么极限"。之后他向整个欧洲宣战，让原本强大的法兰西帝国成为西方共同的敌人，也让法兰西走向没落。

　　拿破仑自大狂的情绪让他成为历史上知名的将军、领袖，"在我的字典中没有'不可能'三个字"这句话也成为许多将士的座右铭，但他的自大也让他错误判断了战场的局势，滑铁卢惨遭失败，法国战败。

拿破仑认为自己和法国不可战胜，他强大的自信仿佛从未受挫过，也从未展现出自己懦弱的一面，在所有记载中也是如此。童年的他争强好胜，青年的他到处招摇到处打架显示自己的实力，成为皇帝后更是向欧洲各国展示法兰西的实力和傲慢。

拿破仑虽然身为贵族，也有很多荣耀，但他的一生是充满孤独色彩的，他年少时这样阐述自己："我生来与孤独为伍，性格左右着我的言行，也许，我将拥有统治世界的机会，世界的和平将由我来创造。为此，我会忍辱负重，并且尽可能地不使用武力。"自大狂情绪是一种极度自我为中心的观念，这种观念的形成常与孤独有关，绝对的孤独形成了绝对的自由，他的世界中只有他自己，没有其他人的位置，绝对的自由会形成自我为中心的情况，也就形成了自大狂，拿破仑正是在这样的孤独中逐渐形成了自己自大狂的性格。但现实生活不是他们想象中的样子，是有其他人参与的，他们错误的自我认知造成了自己是"神"其他人是臣民的错觉，这种主从关系自然是他人不能接受的，因此造成了自大狂患者与他人的紧张关系。

自大狂通常表现出一种自大情绪和癫狂状，他们经常有"唯我独尊"的心理状态，从未考虑过他人的感受，也从未有过自卑的情绪，仿佛他们的内心不存在与自大对立的情绪。我们通常了解的情绪都是有两面的，就像自卑与自恋，而自大好像缺失了它的孪生兄弟，没有对应情绪，当自大出现的时候，自大占据了整个大脑。

小敏一直认为自己是个幸福的女孩，她与男友相恋多年，感情稳定，直至最近遇到了感情危机。男友生病住院，爱上了同病房的一个女孩，向小敏提出了分手。小敏无法忍受男友的背叛，天天去男友的病房闹，让男友和女孩下不来台，也让自己成为他人的笑料，男友出院后，她又去男友工作的单位闹。男友跟她谈了很多次，"我跟你分手的时候只是对她有好感，并没有在一起"，"我不想一直满足你的自大，我也很累"，"你这样闹对你自己也不好"，"我想谈普通的恋爱，不想一直当你仆人"……男友的话她听不进去，还找到了男友的父母家里闹。

小敏的气愤可以理解，但是她的做法确实有些过激，恋爱是两个人之间的事，闹到医院、单位和对方家里确实是不合适的，况且留下一个不再爱你的人也不会是一段美妙的恋爱。

实际上两个人感情的裂痕早已产生。小敏是个漂亮的女孩，是家里唯一的女儿，父母和几个哥哥都很宠她，上学时候由于长得好看，成绩也好，老师也很喜欢她。到了大学，她成了班级里、寝室里的"公主"，只要是她不想干的事就找人帮忙，当别人需要她帮助的时候她又会拒绝，原本小敏身上的鲜艳色彩逐渐褪去，同学们甚至老师都发现她是个自私自大的姑娘，她的世界中只有自己，对于他人的关心和帮助表示漠然，甚至认为别人的帮助是理所应当的。

　　小敏表现出来的就是自大狂的情绪，她无法感受到男友的情感需求，在两个人的关系中永远处于索取的一方，久而久之被索取的一方势必会感到疲惫，这时再好的面容和成就也抵不上几句真诚的安慰，这样的关系很难长久维持。自大狂患者在恋爱过程中大概率地会遇到问题，实际上恋人关系相对其他关系是比较好引导患者改变的一种关系。

　　自大狂患者身边的人经常会困苦难堪，但是他们自己却很少有这种感受，这种精神障碍虽然难以治愈，但是通过亲友的引导是会有所改善的。目前常用的治疗方法主要是帮助他们解除自我中心观和学会爱别人。

　　解除自我中心观首先要了解患者哪些行为和想法是过分的，偏激地渴望赞美、喜欢命令他人、毫无克制的嫉妒心理等都是婴儿时期遗留下的心理痕迹，相对应的改善这些要想方设法让他们明白赞美是需要患者自己努力工作和待人友善去获得的、成年人需要自己动手处理各种事务、他们的嫉妒是一种不良情绪，要靠自己的努力去争取想要的。

　　学会爱别人要让他们学会关心别人，在他人遇到痛苦、疾病时要给予关心和安慰，在他人遇到困难时，要伸出援手。也许，刚开始这样的告诫和训练是困难的，但当他们在逐渐付出的过程中收获到情感和帮助时，会渐渐地养成付出的思考方式，慢慢变得有同理心，戒掉过分的自大情绪。

## 7. 脸盲症：请问你是谁

　　《我是谁2015》是经典电影《我是谁》的致敬作品，其故事却自成一体。电影中的快递员李子威在一次取快递的过程中目睹了一起凶杀案，凶手想要的正是他取走的快递，李子威带着这个神秘包裹被凶手一路追击。在躲避的途中，李子威出了车祸，虽然躲过了追击，却也因为车祸患上了创伤性的脸盲症，暂时失去了辨别犯人的能力，也就意味着将自己随时暴露在危险之中。凶手也得知了这一消息，通过嫁祸让李子威成了凶杀案的头号嫌疑人。

　　面对凶手和警察的双重追击，正在他不知所措的时候，那个神秘包裹的收件人楠叔打来了电话，声称手里有证据可以帮他洗脱嫌疑，前提是一定要将包裹送到云南丽江。一路上他一边躲着凶手的追杀，一边躲着警察的追捕，在这个过程中，他意外结识了去丽江旅行的童欣，两个人逐渐熟悉，暗生情愫，开启了一段险象环生又妙趣横生的旅途。

　　李子威一路上因为脸盲症制造出很多笑料，他惊险的旅程也是因为脸盲症开始的。脸盲症为我们带来这部有趣的电影，但实际生活中的脸盲症却遇到了更多的问题。

生活中你是否遇到过这样的情况：一个熟人迎面走来，你热情地向对方打招呼，结果对方却熟视无睹；一个刚刚在网络上聊过天的朋友，相见之后却极为冷漠；有些同事，永远熟悉你的衣服多过熟悉你的人……许多人都经历过这样的时刻，有的人是因为近视等原因，有的人则是因为脸盲症。

脸盲症又被称为面孔遗忘症，是一种不能辨别他人面庞信息的疾病，属于认知障碍类的疾病。患有脸盲症的人有的干脆看不清人脸，有的虽然能够看清，却认不出来是谁。虽然有些人没有脸盲症，但是我们或多或少都感受过脸盲，人群之中你是否突然认不出朋友了，面对陌生人你是否会觉得他们长得一样，这些都是脸盲的特征。

很多患者并没有意识到自己患了脸盲症，他们以为自己看到的就是别人看到的，大家的脸都是差不多的，实际上我们普通人看到的人脸是各不相同的，这是一种人脸上信息的整合得出的结论，眼睛的大小、眉毛的方向、苹果肌的位置、鼻子的形状、嘴巴的薄厚等都是人脸信息。虽然我们平时看到人脸不会想到这些，但是我们的大脑已经处理完这些信息了，而它只告诉了我们答案——他是谁。

脸盲症最早被发现于"二战"期间。1944年，一位德国中尉头部中弹，治疗之后他竟然认不出自己的妻子了，照镜子时看到自己的脸也会感到陌生。有些医生对他的症状感到好奇，进行了许多观察和研究，在1947年提出了脸盲症的概念。

过去，医学界一直认为脸盲症的发病概率很小，实际上是许多人并不知道自己患有脸盲症。随着技术的发展，人们发现脸盲症的患病群体巨大。2006年，哈佛大学中山健和英国伦敦大学迪谢纳公布了他们的报告，在一段时间内，他们对1600人进行了人脸识别调查，其中约有2%表现出严重的人脸识别障碍，这个概率放在社会中就意味着每50个人中，就有1个人患有脸盲症。

来自英国的詹姆斯就是一位从小受脸盲症困扰的人，他不仅记不住同学同事的脸，就连朝夕相处的父母的脸也记不住，每次照镜子都对镜子里的那个人感到陌生——他甚至记不住自己的脸。小的时候虽然脸盲症带给他很多困惑，但他并不知道自己生病了，直至长大后，有一次他竟然认错了自己的女友，他这才意识到自己病了。

并非所有的脸盲症患者都跟詹姆斯一样认不出身边的人，有些脸盲症患者能够清楚分辨出不同的人，这是因为他们的记忆点与普通人不同。普通人记住一张脸，靠的是整体上的面容结构和鲜明的特点，而脸盲症患者记忆他人的脸靠的是细节，比如眼睛、鼻子等特点。脸盲症患者无法将脸上的所有信息进行整合，形成一个结果，他们多是只记住了局部，无法记忆整张脸，也就丧失了识别能力。

为了更好地了解脸盲症，科学家做了一个相关的简单实验。他们制作了一张图，图上有三个小黑点代替人脸的眼睛和鼻子。在展示给实验对象的过程中，科学家发现人们在看黑点的时候会不自觉勾勒出人脸，而脸盲症患者却无法通过三个黑点形成一张脸，这个实验也证实了脸盲症是处理脸部信息的过程中产生的问题。

脸盲症又可以分为发展性面孔失认症和获得性脸盲症，也就是我们常说的先天性脸盲和后天性脸盲。

先天性脸盲也被称为发展性面孔失认症，这种脸盲是一段隐性基因造成的，如果父母中有一方有脸盲症，那他们的孩子患病的概率为50%。一项针对德国689名中学生的调查显示，其中有19人患脸盲症，有14人至少有一位近亲患有脸盲症。虽然这并不是一个大的数据样本，并不能说明全球的情况，但它可以帮助我们更加了解脸盲症的遗传特性。

2017年，有科学家进行了追踪调查，在1977到2017年的四十年的时间内，持续观察238名脸盲症患者，他们发现其中竟然有80.3%的患者出现了对物体的识别障碍，对文字的识别则表现得正常，这说明我们的大脑是分工合作的，对于不同的信息有不同的处理方式。调查还有一个有趣的发现，正常人在观察他人的时候，会将时间更多地停留在眼睛上，脸盲症患者则相反，相比眼睛和嘴巴，他们愿意用更多的时间来观察嘴巴。

后天性脸盲也叫获得性脸盲症，这类患者原本拥有正常的识别人脸的能力，但因为后天的某种因素造成大脑识别功能区域的损伤，让他们出现脸盲的症状，李子威因为车祸获得的脸盲症便属于这一种。大脑识别人脸信息是一个复杂的过程，不只是生理过程，其中也有心理过程，需要多个脑区分工合作，其中最重要的是横跨大脑颞叶和枕叶的梭状回，许多后天脸盲症患者都是这个区域受损造成的脸盲。有一些人因为患有脸盲症，对人脸识别能力差，便开始寻求用其他的特征记住他人，例如声音、痣。

大卫·罗杰·费恩是一名成功的肠胃病学专家，同时也是一位脸盲症的患者，他自己形容脸盲症的感受是："这就像问一个盲人看不见东西是什么感觉，或者问一个聋人听不见声音是什么感觉；我想象不出，每个人都有一张独特的面孔，这样的世界是个什么样子。"大卫对于脸盲症的描述充满悲伤，我们虽然能够通过文章和影视作品了解脸盲症，但不是亲身经历的人很难想象出患有脸盲症生活是什么样子的，对面走来的一张张脸呈现的会是什么样。

大卫还在自传中描述了脸盲症给他带来的不便，在一些人眼中他过于冷漠，实际上只是他不记得对面的是谁，甚至向别人介绍什么是脸盲症、生活中会有哪些不便都是极为困难的。他被困在自己的生活中，没有方法自救。

目前，脸盲症并没有有效的治疗手段，临床上主要采用干预的方法来帮助患者识别人脸。一种是补偿性干预，即教会脸盲症患者用其他的特征代替记忆人脸；另一种是矫正性干预，通过训练让患者发现脸与脸之间的不同，让他们逐渐形成人脸的判断机制。

2014年，科学家发现催产素受体基因与人脸识别有关，科学家们猜测吸入催产素能够临时提高脸盲症患者对人脸的识别能力，但是这一切尚处于理论水平，离真正的临床试验还有很大一段距离。

同一时间，我国科学家发明了一种眼镜，眼镜上有微型摄像机，能够捕捉人脸信息，并将信息数据发送到手机上，帮助患者通过这种方式识别人脸，知道对面的人是谁。

脸盲症是一种常见的疾病，患病人数不少，相关研究缓慢，脸盲症的研究和治疗需要全社会共同来努力。虽然目前阶段脸盲症无法根治，但随着人们对脸盲症越来越熟悉，只要开诚布公地告诉他人自己患有脸盲症，大家都会理解和体谅的。